Wasser für Arkadien

Landschaftsentwicklung um Schloss Reckahn zwischen
Urstromtal, Planeflüsschen und Vogelschutz

Das *Haus der Flussinspektoren* (Entwurf 1804) von Claude-Nicolas-Ledoux (1736-1806). Stich nach Ledoux von Van Maëlle und Mailletc 47 x 28,7 cm.

Der nicht realisierte Entwurf des utopischen Revolutionsarchitekten Ledoux zeigt die Bändigung der Macht des Wasserfalles und des Stromes. Die Zähmung erfolgt durch die zylindrische Form des Hauses. Nach der kultivierenden Zähmung wird das Wasser für die Menschen nützlich, indem es beispielsweise Mühlen antreiben kann.

Claude-Nicolas Ledoux: L'architecture considerée sous le rapport de l'art, des moeurs, et de la législation, Tome Premier, Paris: 1804; Neudruck: Noerdlingen: Uhl 2. Aufl. 1987 Taf. 6

Wasser für Arkadien

Landschaftsentwicklung um Schloss Reckahn zwischen
Urstromtal, Planeflüsschen und Vogelschutz

Herausgegeben von Hanno Schmitt und Frank Tosch

Impressum
Wasser für Arkadien
Landschaftsentwicklung um Schloss Reckahn
zwischen Urstromtal, Planeflüsschen und Vogelschutz

Herausgegeben von Hanno Schmitt und Frank Tosch
Begleitbuch zur Ausstellung im Rochow-Museum Reckahn, vom 6.6.–1.11.2015
www.rochow-museum.de

Projektträger: Rochow-Museum und Akademie für bildungsgeschichtliche und zeitdiagnostische
Forschung e. V. an der Universität Potsdam

Ausstellung und Begleitbuch werden gefördert durch:

**gestalten
nutzen
bewahren**
Landschaft im Wandel
Kulturland Brandenburg 2015

Ein Projekt im Rahmen von
Kulturland Brandenburg 2015
„gestalten – nutzen – bewahren.
Landschaft im Wandel"

Kulturland Brandenburg 2015 wird
gefördert durch das Ministerium für
Wissenschaft, Forschung und Kultur sowie
das Ministerium für Infrastruktur und
Landesplanung des Landes Brandenburg.

Mit freundlicher Unterstützung
der Investitionsbank des Landes
Brandenburg

Mit freundlicher Unterstützung der
brandenburgischen Sparkassen

© Mai 2015 bei den Herausgebern und Autoren
Erscheinungsort: Rochow-Museum Reckahn

Die Deutsche Bibliothek – CIP-Einheitsaufnahme
Ein Titeldatensatz dieser Publikation ist bei der Deutschen Bibliothek erhältlich.

ISBN: 978-3-9809752-7-8

Kataloggestaltung: Frey Aichele, Berlin | Andreas Wolf
Druck: Laserline Berlin

Ausstellung
Ausstellungsgestaltung: Frey + Aichele, Berlin
Ausstellungsgrafik: Frey + Aichele, Berlin | Andreas Wolf
Ausstellungsmedien: Valentin Schmitt, Berlin
Ausstellungsbau: Jörg Bandlow, Reckahn

Inhalt

Einführung in den Begleitband zur Ausstellung

Hanno Schmitt, Frank Tosch

Die diesjährige Sonderausstellung des Rochow-Museums wurde auf Anregung von „Kulturland Brandenburg" im Rahmen des Themenjahres 2015: „gestalten – nutzen – bewahren. Landschaft im Wandel" erarbeitet. Durch ihren inneren Bezug zur Bundesgartenschau in der Havelregion an fünf Standorten (Brandenburg a. d. Havel – Premnitz – Rathenow – Amt Rhinow/Stölln – Havelberg) möchte sie auf einen im öffentlichen Bewusstsein zuweilen vergessenen Zusammenhang der Landschaftsentwicklung am Beispiel der Region um Schloss Reckahn nahe der Stadt Brandenburg a. d. Havel hinweisen. Auch ist es ein Ziel der Ausstellung, einen Beitrag zur regionalen Auseinandersetzung und Identität der Bevölkerung des Landes Brandenburg zu leisten.

Das vorliegende Beibuch zur Ausstellung bemüht sich anhand vielfältiger Untersuchungsperspektiven, die Landschaft und den Kulturraum um Schloss Reckahn zu erkunden: „Was wir gegenwärtig sehen können, ist nur eine Momentaufnahme der Landschaft, die im ständigen Umgestaltungsprozess steht." (A. u. W. Stackebrandt)

Vor diesem Hintergrund wird die historische und aktuelle Landschaftsentwicklung um Schloss Reckahn u. a. aus erdgeschichtlicher, geologischer, architektur-, park- und kulturgeschichtlicher Perspektive behandelt. Diese Zusammenhänge werden durch die Beiträge von Johannes Bilstein, Jörn Garber, Manfred Geier, Jürgen Luh sowie Christiane Salge, Hanno Schmitt, Anne und Werner Stackebrandt und Frank Tosch in den Kontext speziellerer Sinnzusammenhänge eingeordnet.

So steht das Ausstellungsthema „Wasser für Arkadien" als eine Art Grundsymbolik für „menschliche Selbstthematisierung und Selbstverständigung" (Bilstein). Gleichzeitig thematisiert sie das Verhältnis von Mensch und Natur: „Arkadien ist nicht nur Zeichen des positiven Ursprungs der Menschheit, Arkadien ist Maßstab aller späterer Kulturzustände" (Garber). Das gilt auch für das durch die Reckahner Museen wieder ins öffentliche Bewusstsein gehobene Reformwerk Friedrich Eberhard von Rochows (1734-1805) und und seiner Ehefrau Christiane Louise von Rochow (1734-1808).

In diesem Zusammenhang wird die Architektur des 1729 erbauten Rochowschen Schlosses mit seiner heutigen Dauerausstellung „Vernunft fürs Volk" durch den bisher kaum zur Kenntnis genommenen kunsthistorischen Blick von Christiane Salge neu erschlossen und in die europäische Architekturgeschichte eingeordnet. Dabei wird deutlich, dass der Rochowsche Wohnsitz, das Reckahner Herrenhaus „aus der Vielzahl an märkischen Herrenhäusern [...] mit seinen dreidimensional durchgeformten Baukörper deutlich heraus[sticht]" (Salge).

Die das Landschaftsbild deutlich verändernde Landkultivierung wird im Beitrag von Hanno Schmitt von 1600 bis 1900 verfolgt. Landkultivierung zur landwirtschaftlichen Ertragssteigerung diente zur Bekämpfung der im 18. Jahrhundert allgegenwärtigen Hungerkatastrophen zum Wohle der Gutsuntertanen. Diesem Ziel diente auch die bildungsgeschichtlich ungemein frühe und erfolgreiche Alphabetisierung aller Bauernmädchen und -jungen 30 Jahre vor den Preußischen Reformen im frühen 19. Jahrhundert durch die 1773 von Rochow gegründete philanthropische Musterschule in Reckahn. In dieser Traditionslinie und ganz im Sinne des Volksaufklärers Rochow bilden in der Landschafts- und Kulturgeschichte des Reckahner Gutsparks „Nützliches" und „Schönes" keinen Gegensatz, denn der Gutspark „ist ein zentrales Element der Übersetzung und Gestaltung einer philanthropisch-aufklärerischen Idee" (Tosch).

Diese Zusammenhänge werden sodann für die heutigen Besucherinnen und Besucher, Familien und Kinder der Reckahner Museen durch beispielhafte Einführungen in botanische, ornithologische und die Phantasie belebende Anziehungspunkte der Landschaft durch die Beiträge von Volker Kummer, Gerke Pachali, Bodo Rudolph sowie Eva MariaKohl und Thomas Krumenacker um Schloss Reckahn aktualisiert. Der von Volker Kummer skizzierte botanische Spaziergang durch den Gutspark soll, wie das Beobachtungstagebuch der phantastischen

Vogelwelt von Gerke Pachali sowie langjähriger Aufzeichnungen von Bodo Rudolph – in bester aufklärerischer Tradition an den – im späten 19. Jahrhundert entstandenen – Reckahner Teichen, zu geruhsamen und lehrreichen Spaziergängen einladen. Auch könnten Kinder beim Parkspaziergang mit ihren Eltern durch die bereits erprobten Hinweise von Eva-Maria Kohl zum Schreiben „kreativer Geschichten" angeregt werden.

Schließlich ermöglichen Beobachtungen der Landschaft um Schloss Reckahn auch Reflexionen und Betrachtungen über die geheimnisvolle Welt der Zugvögel. Die teilweise sensationellen Fotos von Thomas Krumenacker, die auch innerhalb der Sonderausstellung einen hohen Stellenwert haben, berichten von den vielen Gesichtern des Vogelzugs, von dessen Freiheit, Grenzenlosigkeit und dem „gefährlichen Kampf eines einzelnen Individuums gegen Naturgewalten und ökologische Veränderungen in einer von Menschen beständig umgestalteten Welt." Dabei hat die kleine Oase der Reckahner Teiche einen globalen Bezug: „Viele der Vogelarten, deren Vertreter auch in Reckahn rasten, erreichen einige Wochen später die Feuchtgebiete im Norden und Süden Israels und nutzen die letzte Gelegenheit zum Auftanken, bevor sie oft im Nonstop Flug eine der größten ökologischen Barrieren der Erde, die Sahara, überqueren." Vermutlich wussten bisher nur wenige Besucherinnen und Besucher der Reckahner Museen um den durch einen zehnminütigen Spaziergang zu den Teichen lebendig und anschaulich werdenden Vogelschutz: „In einer immer von Menschen zulasten der Natur veränderten Umwelt sind es nicht zuletzt kleine Oasen wie das Reckahner Teichgebiet, die helfen, dass das Naturwunder des Vogelzugs weiter möglich ist" (alle Zit. Krumenacker).

(Giorgione Tempesta): Giorgio da Castelfranco gen. Giorgione: La tempesta. Ca 1508. Öl auf Leinwand. 82 x 73 cm. Venedig, Accademia. Quelle: Salvatore Settis: Giorgiones ‚Gewitter'. Berlin 1982. S. 2.

Johannes Bilstein

Panta rhei – Zur Metaphorik des Fließens

Das Wasser

Wasser begleitet die menschliche Geschichte seit ihrem Beginn, und es gehört zum Leben eines jeden Menschen vom Anfang bis zum Ende. Als Grund-Element war es immer schon da und ist es immer schon da.[1] Wir leben mit ihm, in ihm und von ihm; wir wissen auch, dass Vieles, was uns an Lebendigem begegnet: Tiere, Pflanzen und Früchte, zu großen Teilen aus Wasser besteht. Wir trinken es. Dass wir zum Überleben zunächst und vor allem anderen Wasser brauchen, dass wir uns darum kümmern, es mit uns führen und es sauber halten müssen – dies gehört zu den selbstverständlichen und geradezu archaisch verankerten Lebenskenntnissen unserer Gattung.

Zugleich jedoch bietet uns das Wasser eines der wichtigsten Außen-Elemente unseres Daseins in der Welt. Sei es das Meer, seien es die Seen, seien es die fließenden Gewässer, die Flüsse und Bäche – immer treffen wir auf das Wasser als ein elementares Gegenüber, das wir bewundern und fürchten, nutzen und bekämpfen, das wir einzudämmen und zu lenken versuchen – man kann die Geschichte der Menschheit und ihrer Kulturen auch als Geschichte der Wasserkontrolle schreiben.[2] Bedrohlich, vertraut und verlockend erscheint uns dieses fremde Element: wir können es mit Schiffen befahren und in ihm schwimmen, es kann uns wiegen und vorwärtsbringen, es kann uns ertränken und erschlagen, in den Abgrund reißen und unser Hab und Gut zerstören; je nach Lage ersehnen oder verfluchen, bewundern oder fürchten wir es.[3]

Vielerlei Erfahrungen also machen wir als Menschen mit dem Wasser, und diese Erfahrungen sind über die ganze Kulturgeschichte unserer Gattung hinweg immer wieder beschrieben, besungen und aufgezeichnet worden (Abb. 1). Wasser interessiert uns.

Zu diesen Erfahrungen gehört vor allem eine: dass es fließt. Seine Fluktuanz ist wohl das entscheidende Merkmal des Elementes Wasser. Das Fließen des Wassers, friedlich oder wild, träge oder rasend, oft sanft und doch nur schwer zu beherrschen, hat den Menschen immer wieder als Vor- und Schreckensbild gedient, als Wunsch – und als Alptraum. Ins Fließen wollen wir kommen, und zugleich ist es das Schlimmste, was uns passieren kann.

Wasser ist also gar nicht gleich Wasser, es begegnet uns vielmehr in vielerlei Gestalten: als unendliches Meer oder von Ufern gesäumter See, als breit strömender Fluss oder leise plätschernder Bach, als klare Pfütze oder stinkende Lache, als labender Trank oder ertränkende Flut.

Immer müssen wir dabei mit seiner Flüssigkeit rechnen, nur unter bestimmten, klar benennbaren Bedingungen –

Abb. 1: Katsushika Hokusai: Große Woge vor der Küste bei Kanagawa. Farbholzschnitt. 1830-1832. 25 x 37 cm.
Aus: Frieder Hepp (Hrsg.): Ausstellungskatalog: Die Welle – Zauber der Bewegung, Heidelberg 2008, S. 68.

---

1   Gernot und Hartmut Böhme: Feuer, Wasser, Erde, Luft. Kulturgeschichte der Naturwahrnehmung in den Elementen. München 1996; Hartmut Böhme: Elemente – Feuer Wasser Erde Luft. In: Christoph Wulf (Hrsg.): Vom Menschen. Weinheim 1997. S. 17-46.
2   Zur von der Wasserkontrolle ausgehenden Theorie der „hydraulischen Gesellschaft": Karl August Wittfogel: Theorie der orientalischen Gesellschaft. In: Zs. F. Sozialforschung. 7. 1938. S. 90-122.
3   Dieter Richter: Das Meer. Geschichte der ältesten Landschaft. Berlin 2014, bes. S. 61-79.

Abb. 2: Albrecht Dürer: Der Heilige Christopherus mit dem Vogelzug. Holzschnitt 216 x 145 mm. Nürnberg 1501. Quelle: Bildarchiv der Kunstakademie Düsseldorf.

wenn es eingedämmt ist, wenn es sich an tiefer Stelle sammelt – bleibt es dort, wo es ist. Darauf können wir uns verlassen: niemals läuft es den Berg hinauf; davon gibt es aber auch kein Entrinnen: Fluten, die in Bewegung gekommen sind, kann man nicht aufhalten. Das Wasser konfrontiert uns mit einfachen, leicht zu verstehenden Gesetzmäßigkeiten der physischen Natur, denen wir unausweichlich ausgeliefert sind.

Daraus ergeben sich Aufgaben. Wir können und müssen uns um das Wasser kümmern, es bietet uns eine Vielfalt an Möglichkeiten und Anforderungen: wir können es lenken und umleiten, wir können es stauen oder ihm das Abfließen erleichtern, wir können darin schwimmen und uns auf ihm treiben lassen, mit Schiffen darauf fahren oder in es eintauchen. Aber wir müssen es auch überwinden, brauchen Fähren und Brücken,

Abb. 3: Leonardo da Vinci: Il traghetto tra Vapriose e Canonica (1509-1511). 100 x 128 mm; Feder mit Tinte. RL 12400 Windsor, Royal Library. Aus: Leonardo da Vinci: Das Wasserbuch. München 1996. Tafel. 15.

Dämme und Wälle, um seine Kräfte im Zaum zu halten und um es zu überwinden, wo es uns als Hindernis entgegen tritt.

In der christlichen Tradition ist dafür der Heilige Christopherus (Abb. 2) zuständig.[4] Überschreiten, hinüberfahren, übersetzen und durchqueren, das ist es, was wir mit dem Wasser machen können und machen müssen, und die entsprechenden Wörter: „meta-pher-ein" im Griechischen und „transferre" im Lateinischen, sind denn auch früh schon verallgemeinert und symbolisch gebraucht worden. Jedenfalls haben noch unsere deutschen Begriffe „Metapher" und „Transfer" einen Imaginationshintergrund, der sie an die Überwindung des Wassers bindet.[5] Die Fähre (Abb. 3) befördert so nicht nur die wirklichen Menschen oder Dinge von der einen auf die andere Seite des Flusses, sie liefert auch eine primäre Metapher für alle Versuche, etwas: ein Wissen, eine Erkenntnis, ein Können, vom Einen zum Anderen zu bringen.[6]

So spielt das Wasser also nicht nur in unserem wirklich-alltäglichen Leben eine Rolle, es taucht auch in unseren Imaginationen immer wieder und durchaus unterschiedlich auf: als unendlich-ungegliedertes Grundelement alles Seins zum Beispiel, aus dem alles entsteht und auf dem alles beruht – so bei dem griechischen Philosophen Thales von Milet im 6. Jahrhundert vor Christus.[7] Aber auch wenn es begrenzt ist, von

4 Johannes Bilstein: Fluss und Überfahrt. Zur Tiefensymbolik des Rheins. In: Matthias Winzen, Barbara Wagner, Irene Haberland (Hrsg.): Der Rhein. Ritterburgen mit Eisenbahnanschluss. Oberhausen 2012. S. 141-155.

5 Werner Stegmaier: Fließen. In: Ralf Konersmann (Hrsg.): Wörterbuch der philosophischen Metaphern. Darmstadt 2007. S. 102-121; Walter Pape: „Leicht-Flüssigkeit" und Sinn-Fluß: Zum Flußcharakter von Metapher und Poesie. In: Walter Pape (Hrsg.): Romantische Metaphorik des Fließens: Körper, Seele, Poesie. Tübingen 2007. S. 185-202.

6 Johannes Bilstein: Symbol – Metapher – Bild. In: Volker Fröhlich und Ursula Stenger (Hrsg.): Das Unsichtbare sichtbar machen. Weinheim und München 2003. S. 23-43

7 Oya Erdoğan: Wasser. Über die Anfänge der Philosophie. Wien 2003, bes. S. 73-78.

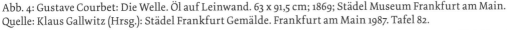

Abb. 4: Gustave Courbet: Die Welle. Öl auf Leinwand. 63 x 91,5 cm; 1869; Städel Museum Frankfurt am Main.
Quelle: Klaus Gallwitz (Hrsg.): Städel Frankfurt Gemälde. Frankfurt am Main 1987. Tafel 82.

Abb. 5: William Turner: Fischer auf dem Meer. Öl auf Leinwand. 1796. 91,5 x 122,4 cm. Tate Gallery. Quelle: Bilddatenbank der Kunstakademie Düsseldorf.

Ufern beschränkt, gehört es zu unserer imaginativen Grundausstattung, als fest umrissenes Naturobjekt, als Teil einer Landschaft, dem man sich in Distanz gegenüberstellen und der doch ganz in das Innere hereingeholt werden kann.[8]

Damit bietet sich eine Art Grund-Symbolik an, wenn wir uns über unser Leben und über den Zustand der Welt verständigen wollen: das Wasser und seine Aktivitäten liefern Basis-Metaphern für menschliche Selbstthematisierung und Selbstverständigung, wir können uns unser Leben verständlicher machen, indem wir über das Wasser reden. Das Meer (Abb. 4) oder ein See, ein Fluss oder ein Bach: solche Ansammlungen von Wasser, seien sie nun ruhig oder bewegt, bieten uns Bilder und Symbole für unser Verhältnis zur Welt und für unser Verständnis vom eigenen Leben. Der See, ruhig oder aufgewühlt (Abb. 5), freundlich glitzernd oder drohend düster, bietet uns einen Spiegel des eigenen Innenlebens, dient uns als Metapher zur Umschreibung eigener Gemütszustände. Das Meer liefert uns eine Fülle an Bildern und Metaphern für unser Selbst und die Welt: wild tobend oder träge gleißend, verschlingens-gierig oder von rasender Angriffslust; es bildet unsere Gemützustände ab und liefert Basis-Imaginationen für unsere Arbeit an der Natur.[9] Und ein Fluss (Abb. 6) schließlich bietet uns die Möglichkeit, die Lebenserfahrung des Vergehens und der unablässigen Veränderung zum Thema zu machen. Man kann hineinsteigen und wieder herausklettern, man kann ihn beobachten und das Wasser vorbeifließen lassen – so jedenfalls wird das Fließen des Flusses bei Heraklit,

im 5. Jahrhundert vor Christus, zum Thema seiner uns nur fragmentarisch überlieferten Reflexionen.

Heraklit nimmt das Wasser, genauer: das Fließen des Flusses, als Grund-Symbol für die menschliche Befindlichkeit in der Welt. Man sitzt am Ufer, schaut auf den Fluss, der sieht immer gleich aus, verändert sich aber stetig. Zu keinem Augenblick ist der Wasserstrom, der da vorüberfließt, der gleiche wie vorher, alles ändert sich. „Steigen wir hinein in die gleichen Ströme, fließt andres und andres Wasser herzu." Es geht also um eine paradoxe Erfahrung, die jeder Mensch immer wieder macht: dass ihm das Leben und seine Ereignisse immer wieder gleich vorkommen, und dass er sich doch zugleich auch des Fortschreitens der Zeit bewusst ist. „In die gleichen Ströme steigen wir und steigen wir nicht; wir sind es und sind es nicht." Dabei kann man, da es sich um eine paradoxe Erfahrung handelt, den Akzent durchaus unterschiedlich legen: auf der Gleichheit der Erfahrung oder auf der Unvergleichlichkeit des immer wieder Neuen: „Es ist unmöglich, zweimal in denselben Fluss zu steigen."[10] Diese Position des Heraklith: dass er sein Denken beim Wandel und bei der Veränderung beginnen ließ – wird weitergegeben, letztlich wird sie von Platon in seinem Kratylos-Dialog (4. Jh vor Christus) festgehalten und in die europäische Diskurs-Tradition eingeschrieben: „Herakleitos sagt doch, dass alles davongeht und nichts bleibt, und indem er alles Seiende einem strömenden Flusse vergleicht, sagt er, man könne nicht zweimal in denselben Fluss steigen."[11]

8   Wolfgang Kemp: Natura. Ikonographische Studien zur. Geschichte und Verbreitung einer Allegorie. Tübingen 1973.

9   Hans Blumenberg: Schiffbruch mit Zuschauer. Frankfurt am Main 1979. S. 9-74.

10 Heraklith, B 12 bzw. B 49a bzw. Fr 91.

11 Platon, Krat. 402a; Oya Erdoğan: Wasser. Von der Mythendichtung zur Philosophie. In: O. Erdoğan (Hrsg.): Im Garten der Philosophie. München 2005. S. 67-76.

Abb. 6:
Johann Georg Schneider:
Blick vom Niederwald auf
Bingen und das Nahetal.
1799. Öl auf Leinwand.
58,5 x 93,8 cm.
Landesmuseum Mainz.
Aus: Heidrun Ludwig
(Hrsg.): Die Gemälde des
18. Jahrhunderts im
Landesmuseum Mainz.
Mainz 2007. S. 242.

Nichts bleibt – das ist die Essenz des Heratklith'schen Fluss-Vergleichs, und dabei ist gerade die Paradoxie dieser Metaphorik das besonders Erhellende: Immerhin ist es ja doch der gleiche Fluss, der da fließt, als geographische Einheit ist er unbezweifelbar – und doch fließt er und verändert er sich unablässig: er ist flüssig und einheitlich zugleich.[12] So ruhig er auch dahinziehen mag – er bleibt doch nie gleich. Und so wild er auch daherstürmen mag – er bleibt doch der gleiche Fluss.

Seitdem bleibt dieses Wissen: dass alles fließt, und dass das fließende Wasser dem Menschen ein Bild seiner selbst bietet, in der europäischen Denkgeschichte stetig präsent.

Ein Beispiel für viele bietet Ovid: Zu Beginn unserer Zeitrechnung versucht er in den Metamorphosen, die Entstehung und Geschichte der Welt als Geschichte von Verwandlungen zu erzählen: alles was ist, ist aus Verwandlungen, Metamorphosen, entstanden, und da ist ihm die Fluss-Metapher nahezu unumgänglich:

„cuncta fluunt, omnisque vagans formatur imago.
Ipsa quoque adsiduo labuntur tempora motu
Non secus ac flumen, neque enim consistere flumen
Nec levis hora potest, sed ut unda impellitur unda,
Urgeturque eadem veniens urgetque priorem,
Tempora sic fugiunt pariter, pariterque sequuntur
Et nova sunt semper ...“

„Alles fließt, es bildet sich wechselnd jede Erscheinung.
Selbst die Zeit, auch sie entgleitet in steter Bewegung –
Gleich wie der Fluß. Denn es kann der Fluß nicht stehn,
und nicht stehn die flüchtige Stunde. Und wie von der
Welle die Welle gejagt wird wie, von der kommenden
selbst gedrängt, sie die vorige drängt, so flieht und verfolgt
zugleich auch die Zeit, und doch ist sie immer neu...“[13]

Genau so wie der Fluss nicht aufhören kann zu fließen, so kann auch die Zeit nicht stillstehen. Jeder Augenblick wird vom nächsten verdrängt, so wie jede Welle von der nächsten gejagt wird. Der Fluss und die aufeinanderfolgenden Wellen liefern dem Ovid auf diese Weise Beispiele und Gleichnisse für menschliches Zeiterleben. Das dem Heraklit zugesprochene „panta rhei" wird zum „cuncta fluunt" übersetzt und fungiert als eine die Weltinterpretation begründende grundlegende Daseins-Metapher, die zugleich die schon im Titel formulierte These des ganzen Werkes belegt. Alles fließt, das heißt auch: alles verändert sich unablässig, das heißt auch: nur über Verwandlungen, Metamorphosen, kann man den Lauf der Welt verstehen und deuten.

Ovid liefert so noch einmal eine Ausgangs-Formulierung, welche die Fluss-Metapher für die europäische Geistesgeschichte präsent hält und sie auf das Engste verbindet mit der Thematisierung von Zeiterleben und der Dialektik von Sein und Werden.[14] Unter der Chiffre „Alles fließt" werden Lebensspannungen verhandelbar, die das Erleben der einzelnen Menschen prägen und die in jedem Weltdeutungsmuster – sei es alltagssprachlich, religiös oder philosophisch – thematisiert werden müssen: die Paradoxien von Einheit und Verschiedenheit, von Augenblick und Dauer, von Stabilität und Wandel.

---

12 Werder Stegmaier: Die fließende Einheit des Flusses. In: Karen Gloy (Hrsg.): Einheit als Grundmetapher der Philosophie. Darmstadt 1985. S. 355-379.

13 Publius Ovidius Naso: Metamorphosen, XV, 178-181. Darmstadt 1992, S. 564-565; Übs. Erisch Rösch.

14 Werner Stegmaier: Philosophie der Fluktuanz. Göttingen 1992; Walter Mersch: Die Metaphern vom Vergehen und vom Fluss der Zeit. In: Ulrich Arnswald (Hrsg.): Wittgenstein und die Metapher. Berlin 2004. S. 269-310.

Abb. 7: Titelblatt von Johann Amos Commenii: Orbis sensualium pictus. Nürnberg 1658.

Abb. 8a: Ausschnitt Titelblatt: Johann Amos Comenii Janua Linguae Latinae. Schaffhusii 1656. Titelblatt.

2. Johann Amos Comenius (1592-1670)

Dass sich alles immer ändert, dass nichts gleich bleibt – und dass wir doch versuchen müssen, irgendwie einen Halt in diesem Wandel zu finden:[15] das ist nicht zuletzt auch ein Thema der Pädagogik. Zu den Ausgangsbedingungen pädagogischen Handelns gehört es, dass Erzieher sich mit Metamorphosen konfrontiert sehen – die Kleinen wachsen heran, verändern sich ohne das Zutun irgendeines Erwachsenen – und dass sie zugleich Metamorphosen wollen: Wer erzieht, will die ihm Anvertrauten verändern, sie zu klügeren, fähigeren, gesitteteren oder schlicht besseren Menschen machen. Und gerade im pädagogischen Handeln mit kleinen Kindern liegt es da nahe, kräftig einzugreifen, zur Not auch mit Gewalt nachzuhelfen. Schließlich will man ja das Beste! Das ist bereits zu Beginn der Geschichte pädagogischer Theoriebildung kritisiert worden – das Problem aber bleibt:[16] Das konstitutionelle Übergewicht der Erziehenden über die Kinder oder Jugendlichen legt es nahe, den Fluss der Zeit und der Ereignisse kräftig, robust, vielleicht sogar gewaltsam zu lenken.[17] Problematisch erscheint ein solcher pädagogischer Voluntarismus einerseits aus ethischen Gründen: es ist durchaus fraglich, ob er sich legitimieren lässt. Andererseits sind auch auf pragmatischer Ebene die Effekte letztlich unkalkulierbar. Immer schon weiß die Pädagogik, dass allzu heftiges Eingreifen andere, geradezu gegenteilige Effekte nach sich ziehen kann, dass man das Vergehen der Zeit ins eigene Handeln einkalkulieren und angesichts des unaufhaltsam fließenden Lebens eine feine Balance zwischen Verhüten, Unterstützen und Gegenwirken anstreben muss.[18]

Einer der großen europäischen Pädagogen, der diese Paradoxie zu seinem Problem machte, war Jan Amos Comenius. Er lebte in dramatischen und kriegerischen Zeiten, versuchte, seine Gemeinde irgendwie durch die Wirren des Dreißigjährigen Krieges zu steuern, und entwarf zugleich ein umfassendes pädagogisches Programm, das sich zugleich der erzieherisch-didaktischen Erneuerung und der Neu-Fundierung von christlichen Weltdeutungsmustern verschrieb, die heftig ins Wanken geraten waren.[19]

Seit 1648, seit dem Ende des Großen Krieges also, lässt Comenius in seinen zahlreichen und europaweit rezipierten Büchern immer wieder ein Emblem abdrucken, eine Art Motto also, das – in insgesamt sechs, leicht voneinander abweichenden Varianten – aus einem Sinnspruch und einer Abbildung besteht.

Zu sehen ist in einem entweder kreisförmigen oder ovalen Rahmen eine Landschaft mit Bergen und Wäldern, einem Fluss und Pflanzen, darüber der Himmel mit Sonne und Mond, mit Wolken und Regen: eine in grober Holzstich-Manier gezeichnete Ideal-Landschaft,

---

15 Werner Stegmaier: ‚Anhaltspukte'. Zur Sprache des ‚Halts' in der Orientierung. In: Erdoğan, Im Garten (wie Anm. 11), S. 199-213.

16 Johannes Bilstein: Ohnmacht als Programm. In: Micha Brumlik und Hans Merkens (Hrsg.): bildung macht gesellschaft. Opladen 2007. S. 31–42.

17 Jürgen Oelkers: Einführung in die Theorie der Erziehung. Weinheim 2001, bes. S. 206-231 zur Zeitdynamik der Erziehung.

18 Friedrich Schleiermacher: Die Vorlesungen aus dem Jahre 1826. Düsseldorf 1957, bes. S. 66-115.

19 Klaus Schaller: Jan Amos Comenius. Ein pädagogisches Porträt. Weinheim 2004. Ders. In: Klassiker der Pädagogik. Bd. 1: Von Erasmus bis Helene Lange. Hrsg. v. Heinz-Elmar Tenorth. München 2003, S. 45-59.

Abb. 8b: Ausschnitt Titelblatt: Johann Amos Comenii Schula Ludus seu Encyclopaedia viva. Amsterdam 1657.

Abb. 8c: Johann Amos Comenius: Methodus Linguarum Novissima. 1648. Opera Omnia Prag 1974, Tafel 31.

die offensichtlich alle Erscheinungsformen der Natur und alle Eventualitäten des Lebens abbilden will. Die Varianten ergeben sich aus den unterschiedlichen Akzentuierungen der Landschaft und den verschiedenen Ausformungen insbesondere der Sonne. Der lateinische Sinnspruch, der diese Zeichnungen umgibt, ist immer gleich, ihn hat Comenius auch in seinen theoretischen Schriften mehrfach zu begründen und zu erläutern versucht: „Alles fließe, wie es will, Gewalt sei den Dingen fern", „Omnia sponte fluant, absit violentia rebus".[20]

Bei Comenius wird so eine ausdrückliche Verbindung geschaffen zwischen Gewaltfreiheit einerseits und einer pädagogischen Grundhaltung andererseits, die sich darum bemüht, die von der Natur – auch von der inneren Natur der Kinder – vorgegebenen Entwicklungsrichtungen und Verwandlungsperspektiven nicht zu behindern, sondern sie ihrem eigenen, spontanen Wollen zu überlassen.

In einem Brief an Peter Cobovius von 1648 erläutert Comenius sein Motto etwas genauer. Der Unterricht, den er verbessern will, sollte in seinen Augen idealerweise wie ein perpetuum mobile laufen: eine spontane, sich selbst bewegende Maschine. Comenius vertraut da ganz auf das Wirken des allmächtigen Gottes, der alles: die Natur wie die Menschen, so eingerichtet hat, dass es menschlicher Eingriffe kaum bedarf, dass es vielmehr

genügt, dem spontanen Wollen der Natur, dem fließenden Lauf der gottgewollten Abfolgen alle Hindernisse aus dem Weg zu räumen: „Wenn es uns bei unseren Bemühungen um die Didaktik nicht gelungen sein sollte, dass wir die Dornen aus dem Weg der Studien entfernt und die Hindernisse beseitigt haben, sodass bei der Tätigkeit des Lehrens alles von selbst fließt und keine Gewalt mehr in den Dingen ist (diese Losung habe ich mir als Leitziel meiner Bemühungen vor Augen gestellt), dann würde ich meinen, überhaupt nichts geleistet und alle Mühe umsonst vergeudet zu haben."[21] Vergeblich also sind alle pädagogischen Anstrengungen dann, wenn der natürliche, gottgewollte Fluss der Ereignisse, der Entwicklung und des Lernens irgendwie aufgehalten oder fehlgelenkt wird.

Dieses Emblem – Comenius selbst spricht von einem „symbolum" – ist für ihn eine gemalte Weisheit („sapientia picta"), „... die etwas Geistiges sinnlich wahrnehmbar darstellt."[22] Es hat für ihn zugleich pädagogische, didaktische, philosophische und theologische Bedeutung, in ihm kondensiert sich ein umfassendes Weltdeutungsmuster. „Dieser Wahlspruch ist also nicht nur eine praktische Richtlinie für die Pädagogik, sondern ein Credo, ein Glaubensbekenntnis des Comenius, ein theologisches, ein philosophisches und ein pädagogisches."[23]

20 Andreas Fritsch: Alles fließe von selbst, Gewalt sei ferne den Dingen. Das Emblem des Johann Amos Comenius. In: Werner Korthase u. a. (Hrsg.): Comenius und der Weltfriede. Berlin 2005. S. 118-141; Andreas Lischewski: Omnia Sponte Fluant ... Dettelbach 2010.

21 Comenius, Brief an Colbovcius 1648, zit. n. Fritsch (wie Anm. 20) S. 122.

22 Comenius, Consultati catholica, II, 951, zit. n. Fritsch (wie Anm. 20) S. 124.

23 Jan Heller: Der Wahlspruch des Comenius. Prag 1971. S. 106; Fritsch (wie Anm. 20) S. 123.

Abb. 8d: Titelseite zu Johann Amos Comenius: Opera Didactica Omnia. Amsterdam 1657. Teil II-IV.

Die Symbolik dieses Sinnspruches läuft letztlich darauf hinaus, dass für Comenius die ursprüngliche Spontaneität und Gewaltlosigkeit der Schöpfung am Anfang allen Lebens steht. Dieser spontane eigene Willen von allem, was geschaffen ist, muss stets berücksichtigt werden – auch und nicht zuletzt bei allen didaktischen und pädagogischen Intentionen.

Dabei steht immer wieder das fließende Wasser für die von Gott geschaffene Natur, die selbst weiß, was sie will: „Damit auch die Methode den Lerneifer wecke, muß sie … eine natürliche sein. Denn alles was natürlich ist, geht von selbst voran. Das Wasser muß man nicht zwingen, einen Abhang hinunter zu fließen. Man entferne nur den Damm oder was es sonst zurückhält, und alsbald wird man es fließen sehen."[24]

Lernen muss also so organisiert werden, dass der natürliche Fluss der Erkenntnis nicht gehemmt wird. Comenius will den Schülern „… das Verständnis der Dinge erschließen, sodass daraus wie aus einer lebendigen Quelle Bächlein hervorsprudeln und wie aus den Knospen der Bäume Blätter, Blüten und Früchte hervorbrechen…"[25] Dass alles wie von selbst fließe – dieser Wahlspruch bezieht sich bei Comenius also sowohl auf den Lauf der Welt als auf die Organisation des Lernens. Da benennt er sein wichtigstes Ziel mit genau diesem Motto: Seine Didaktik soll „Erreichen, dass alles von selbst fließt", „Ut omnia sponte fluant, efficere".[26]

Nun folgt Comenius sowohl mit dem Einsatz eines emblematischen Mottos als auch mit der spezifischen Wasser-Symbolik dieses Emblems durchaus zeitgenössischen Trends. Zu seiner Zeit ist die Emblematik seit ungefähr 100 Jahren in intellektuellen Zirkeln überaus beliebt, seit dem Emblematum liber des Andreas Alciatus von 1550 ist diese Mode auch im mitteleuropäischen Sprachraum bekannt und verbreitet. In diesen Emblembüchern finden sich Sammlungen von Sinnsprüchen (lemma oder inscriptio), die jeweils durch einen Holzstich (icon oder pictura) und einen erläuternden Text (epigramm oder subscriptio) in einen Bedeutungszusammenhang gesetzt werden – genauso, wie das im Emblem des Comenius auch der Fall ist, und so müssen auch die Bebilderungen der didaktischen Werke des Comenius immer auch vor diesem emblematischen Hintergrund verstanden werden.[27]

Die thematische Breite der Emblemata ist außerordentlich groß – letztlich sind es alle menschlichen Lebensformen, Erfahrungen und Lebensäußerungen, die emblematisch behandelt werden. Dabei wird in diesen bald in ganz Europa recht populären Sammlungen auch das Fließen des Wassers immer wieder als Sinnbild aufgegriffen – insbesondere im Kontext mit Zeit-Reflexionen.

---

24 Jan Amos Comenius: Große Didaktik. (1657). Düsseldorf 1954. 17/19. S. 100.

25 Comenius, Didactica Magna (wie Anm. 24) 18/22. S. 111.

26 Jan Amos Comenius: Pampaedia. (1656). Heidelberg 1965. VII, XVIII, S. 197.

27 Arthur Henkel und Albrecht Schöne: Emblemata. Handbuch zur Sinnbildkunst des XVI. und XVII. Jahrhunderts. Stuttgart 1967. S. IX-XXIX; Ingrid Leis-Schindler: Ding, Sprache, Anschauung und Bild im „Orbis pictus" des Johann Amos Comenius. In: Christian Rittelmeyer und Erhard Wiersing (Hrsg.): Bild und Bildung. Wiesbaden 1991. S. 215-234; Rudolf W. Keck: Zur Bedeutung der Emblematik für die Historische Pädagogik. In: Hanno Schmitt (Hrsg.): Bilder als Quellen der Erziehungsgeschichte. Bad Heilbrunn 1997. S. 273 – 290.

Abb. 9: Sebastián de Covarrubias y Orozco: Cuncta fluunt. In: Sebastián de Covarrubias: Emblemas Morales. Madrid 1610. Aus: Arthur Henkel und Albrecht Schöne: Emblemata. Handbuch zur Sinnbildkunst des XVI. und XVII. Jahrhunderts. Stuttgart 1967. Sp. 99-100.

Im Emblembuch des Sebastián de Covarrubias, erstmals 1610 in Madrid erschienen, gibt es z.B. das Emblem Nr. 9 (Abb. 9), das einen Fluss, einen offensichtlich sehr eiligen Reiter und Ruinen zeigt. Neben der offensichtlich auf Ovid rekurrierenden inscriptio: „cuncta fluunt", „Alles fließt", erläutert die spanische subscriptio den genaueren Kontext:

„Es gibt kein Ding unter dem Monde, das ewig, fest, dauerhaft und beständig wäre [...] Alles stirbt den sicheren Tod, und das tiefe Meer stürzt in eins zusammen, ohne daß uns die Güter dieses vergänglichen Daseins eine Spur von Erinnerung hinterlassen."[28]

Auch hier also steht der im Bild dargestellte Fluss in direktem Zusammenhang mit dem aus Ovid entlehnten Motto. Freilich folgt das „Cuncta fluunt" des Covarrubias-Emblems einem anderen Gestus als der Sinnspruch des Comenius, denn während bei dem Spanier eine schlichte, auf Lebensweisheit rekurrierende These aufgestellt wird – eben: dass alles fließt – formuliert Comenius mit „fluant" eine Optativ-form, spricht er einen Wunsch oder eine Forderung aus und verleiht auf diese Weise seinem Emblem einen eher programmatischen denn normativen Charakter. Im Rahmen seines pansophischen, keineswegs utilitaristischen Realismus ist ihm sein Emblem ein Element in einem kosmologisch geordneten Verweissystem, das auf göttlichem Willen und auf der durch Gott eingerichteten

Vernunft der Natur beruht. Das Wasser und sein Fließen liefern ihm dabei immer wieder Symbole und Beispiele für das Wirken friedlicher und reinigender Kräfte, vor allem jedoch für den Eigenwillen und die Eigenlogik eben jener gottgeschaffenen Natur, die auch der Pädagoge grundsätzlich zu respektieren hat und die er sich auch zunutze machen kann.[29]

3. Weich und hart, zart und fest

Dass wir uns in einer Welt bewegen, die ständig im Fluss ist: dieses Wissen erstreckt sich bald auch auf unsere Mittel, ebenjene Welt zu bewältigen. Spätestens seit dem frühen 18. Jahrhundert wird auch das sprachliche Gebäude an Begriffen und Gesetzen, auf dem wir unsere Welt bauen, immer mehr als in sich brüchig, vor allem jedoch als sich selbst stetig wandelnd wahrgenommen. Gerade in der Romantik betonen Künstler und Philosophen immer eindeutiger, dass den ehern-sicheren Gesetzen der aufgeklärten Vernunft die Ungenauigkeiten und Unvorhersagbarkeiten der menschlichen Seele, aber auch der sichtbaren und unsichtbaren Welt entgegen stehen. Und auch hier spielt das Wasser eine entscheidende Rolle. Genauso wie sich in der Malerei ein zunehmendes Interesse für Nebel, Dunst und Un-Klarheit entwickelt, verfolgen auch die Literatur und die Philosophie mehr und mehr fluide Konzepte.[30]

---

28 Arthur Henkel und Albrecht Schöne: Emblemata. Handbuch zur Sinnbildkunst des XVI. und XVII. Jahrhunderts. Stuttgart 1967. Sp. 99-100.

29 Egbert Witte: Labyrinth und Fluidum. Metaphorologische Vorbemerkungen zum Bildungsgehalt der Dinge bei Comenius und Bacon. In: Andreas Dörpinghaus und Andreas Nißler (Hrsg.): Dinge in der Welt der Bildung. Würzburg 2012. S. 29-56.

30 Stegmaier, Fluktuanz (wie Anm. 14).

Abb. 10: Gerhard Richter: Seestück. 1975. Öl auf Leinwand. 200 x 300 cm. Sammlung Fröhlich Stuttgart.
Quelle: Bildarchiv der Kunstakademie Düsseldorf.

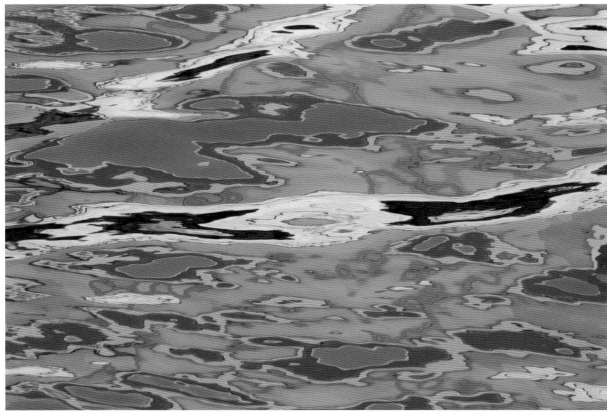

Abb. 11: Ira Schneider: H2O, Wasserspiegelungen in Venedig, 2014. Quelle: Archiv Ira Schneider.

Gerade in der bildenden Kunst, insbesondere der Malerei, ist man sich dabei ganz und gar nicht einig: Flüssigkeit wird – etwa in den Diskursen zur Plastik – als Problem und Gegenbild verstanden.

> „Es ist ein Zeichen eines schwachen Genies, oder eines verdorbenen Geschmacks, wenn man in Werken der Kunst alles fließend verlangt; … Vielmehr ist das Fließende gar oft ein Fehler.“[31]

Damit stellt sich der ganz im Sinne der Aufklärung argumentierende Sulzer in eine Tradition, der das Ungenaue und das Vage der Fließ-Metaphorik verdächtig sind. Eine solche, stark von der Aufklärung geprägte ästhetische Position gerät freilich mit dem Ausgang der Aufklärung – also gegen Ende des 18. Jahrhunderts – zunehmend in Zweifel. Mehr und mehr wird auch und gerade in der Ästhetik dem „Fließenden“ zusätzliche Aufmerksamkeit zugewandt: das Werden wird gegen das Sein ausgespielt, die Weichheit des fließenden Wassers wird der Härte des steinernen Denkmals gegenüber gestellt.[32] Grundlage ist dabei immer das Wissen, dass wir uns in allen menschlichen Dingen auf unsicherem Boden bewegen – sogar in der Sprache: auch sie gerät in den Sog einer Verunsicherung, die schließlich auch die Sicherheit der begrifflich-genauen Benennung infrage stellt. Diese Beunruhigung schlägt sich – in durchaus unterschiedlicher Weise bei Kant, Hamann und Herder – nieder, findet sich dann aber in radikaler Ausformulierung bei Nietzsche:

> „Man darf hier den Menschen wohl bewundern als ein gewaltiges Baugenie, dem auf beweglichen Fundamenten und gleichsam auf fliessendem Wasser das Aufthürmen eines unendlich complicirten Begriffsdomes gelingt; freilich, um auf solchen Fundamenten Halt zu finden, muss es ein Bau, wie aus Spinnefäden sein, so zart, um von der Welle mit fortgetragen, so fest, um nicht von dem Winde auseinander geblasen zu werden.“[33]

Auf dem Fließenden also müssen wir unser Leben aufbauen, und das geht nur mit Konstruktionen, die von höchster Stabilität und größter Sensibilität zugleich sind. Wenn wir uns das vor Augen führen, mögen wir den festen Boden immer wieder entbehren,[34] aber wir erzielen auch große Gewinne: Wir erhalten einen Blick auf die Wirklichkeiten der Welt – „ … wenn ihr das Reale selbst anschaut, da fließt alles ineinander.“[35] (Abb. 10) – und wir gewinnen an Freiheit gegenüber den Zwängen all der erstarrten Denkordnungen, die uns allzu oft am Leben hindern. Dass alles fließt, mag beunruhigend sein, es eröffnet uns aber auch Möglichkeiten zum Handeln und Spielräume für Freiheit.

31 Johan Georg Sulzer: Allgemeine Theorie der Schönen Künste. Teil II. Leipzig 1792, S. 246.
32 Pape (wie Anm. 5).

33 Friedrich Nietzsche: Über Wahrheit und Lüge im außermoralischen Sinne. (1873). In: F. Nietzsche: Nachgelassene Schriften. Kritische Studienausgabe Bd. I. München 1999. S. 873–890.
34 Blumenberg, Schiffbruch (wie Anm. 9)
35 Friedrich Schleiermacher: Über die Religion. Reden an die Gebildeten unter ihren Verächtern. (1799). Berlin 2013. S. 102

Abb. 1: Claude Lorrain, Hirtenlandschaft mit der Ponte Molle

Jörn Garber

Arkadien – Natur – Zivilisation. Zur Rekonstruktion einer Wunschlandschaft im Spannungsfeld von Schönheit und Nützlichkeit[1]

1. Antike Ursprünge des Arkadienmythos

Der geographische Begriff Arkadien bezeichnet das gebirgige Hochland der griechischen Halbinsel Peloponnes, diesem realen Bild einer einsamen, karstigen Landschaft steht ein Wunschbild in Literatur, bildender Kunst sowie in der Kultur- und Geschichtstheorie gegenüber, das das glückliche Leben in einer Landschaft von natürlicher Einfachheit preist, jenseits vom Stadtleben, von der Arbeitswelt und den politisch-sozialen Hierarchien und Zwängen der realen Gesellschaft. Pausanias, ein griechischer Reiseschriftsteller des 2. Jahrhunderts, sammelte erstmals die Nachrichten über das archaische, das wilde Arkadien. Es entsteht das Bild von einem öden Landstrich, der von Überschwemmungen und lang andauernden Dürren heimgesucht wird, also einem „locus desertus" und keineswegs einer Verheißungstopographie. Hier treibt der Gott Pan sein Unwesen, er wirbt triebgeleitet und vergeblich um die Liebe der Nymphen Echo und Syrinx und verzehrt sich in seiner ungestillten erotischen Leidenschaft. Die Arkadier sind eine Art Tiermenschen, die nur auf sich selbst gestellt, in Höhlen und Hütten hausen, sich von Eicheln, von der Milch und dem Fleisch von Ziegen ernähren. Hier ist lediglich eine hart erkämpfte Symbiose von Natur und Mensch möglich,

der Mensch vermag aus einer kargen Landschaft deren verdeckte Fruchtbarkeit für sich zu nutzen. Arkadien kann zum Zeichen einer autochthonen Lebensweise werden, allerdings im Lebensmodus einer urzuständlichen, kargen Entwicklungsstufe der Menschheit vor aller zivilisatorischen, insbesondere vor aller technischen Entwicklung. Diese geographisch-reale Perspektive Arkadiens als Ort des archaischen Lebens der Frühzeit der Menschheit erfährt im 3. Jahrhundert vor Christi bereits eine grundlegende Transformation durch den griechischen Dichter Theokrit (ca. 300 bis 260 v. Chr.), der, in Kos geboren, in Alexandria lebt und dann nach Sizilien geht. Die spezifische Natur dieser Orte, insbesondere Siziliens, findet Eingang in sein Arkadienbild, einer Wunschlandschaft mit realistischen Bildelementen. Theokrit entwirft ein idyllisches Landschaftsbild mit Olivenhainen, mit Kornfeldern, mit Weinbergen. Die Hirten leben in einer Idylle (nach griech. "Eidyllion": kleinere Gedichte), es entsteht die Literaturgattung der Bukolik als idealisierende Dichtungsform über das naturnahe, das friedliche Landleben der Hirten. Die urzeitliche, harte, karge Gesellschaft des realen Arkadien verwandelt sich in eine Verheißungstopographie des friedlichen, naturgemäßen Lebens von Menschen, die in Liebe, Freiheit, ohne materielle Sorgen, ohne Krankheiten, ohne Konflikte, ohne Intrigen leben. Arkadien wandelt sich von einem Ort der Askese zu einem Ort der Sinne, der sinnlichen Menschen, diese genießen Erotik, Tanz und Musik. Auch die Götterwelt nimmt teil an diesem Idealleben und die Götter wandeln sich (wie z. B. Pan) vom wilden Vergewaltiger zum Schelm, die Hirten veranstalten Gesangwettbewerbe, zugleich bleibt diese Schilderung der realen Alltagswelt der Hirten

---

1   Das eingereichte Manuskript musste durch die Herausgeber leider sehr stark gekürzt werden. Auch die umfangreichen Anmerkungen wurden auf Nachweise der Zitate reduziert. Vgl. zur weiterführenden Sekundärliteratur u. a. Jörn Garber: Arkadien im Spannungsfeld von Naturidylle und Zivilisationsgeschichte. Realistische Blicke auf eine Wunschlandschaft. In: Carl Wilhelm Kolbe D. Ä. (1759-1835). Künstler, Philologe, Patriot. Hrsg. v. Norbert Michels. Anhaltische Gemäldegalerie Dessau 2009, S. 190-192.

verhaftet. Theokrit vermeidet jegliche Sentimentalisierung, wie sie in der Schäfer- und Hirtenwelt der höfischen Gesellschaft und in der Empfindsamkeit des späten 18. Jahrhunderts nachweisbar ist. Dennoch ist das Bild des Landes bereits bei Theokrit geprägt von der Wunschprojektion des Städters, der den Zwängen von Gesellschaft, von Arbeit, von Herrschaft entfliehen will. Traditionsstiftend wird die Beschreibung der amönen Landschaft durch Theokrit: Die singenden Hirten bewegen sich in einem Raum mit grünem Gras, kühlen Quellen, schattigen Bäumen, mit Vogelgesang und dem Zirpen der Zikaden, dem Gurren der Tauben, dem Summen der Bienen. Diese Plätze befinden sich am Fuße einer Felswand, dieser Ort ist nach außen abgeschlossen, die Zeit steht gleichsam still, hier kann sich Liebe und Gesang ungehindert entfalten. Aber auch (sanfter) Tod und Todesklage werden aus der Welt Arkadiens nicht ausgeschlossen.

Den Schritt von dieser wirklichkeitsnahen Projektion Theokrits zum Utopieraum des Paradiesgartens, zum goldenen Zeitalter, zur vollendeten (Natur-) Utopie und zur Idylle vollzieht der römische ‚Staatsdichter' Vergil (70-19 v. Chr.), er wird nicht nur die lateinische Dichtung Roms, sondern auch die christliche Literatur und deren Friedensutopien nachhaltig beeinflussen. Vergil nennt seine Hirtengedichte „Eklogen" (nach lat. „ecloga": ‚ausgewähltes Stück'). Dieser Begriff wird zum Synonym mit „Hirtendichtung" als Schilderung eines Landes ohne Gewalt, Hunger und Unrecht. Pans verwilderte Erotik wandelt sich zur Fruchtbarkeit der Natur, diese bringt ohne menschliche Arbeit Früchte und Getreide selbsttätig hervor, die Tiere wachsen in der freien Natur auf, der Mensch bekommt Honig, Fleisch, Milch, er hat Zeit zur Selbstkultivierung, er kann – befreit von jeglicher Arbeitsfron – sich zum freien Bürger ausbilden, er lebt in einem Gemeinwesen ohne Gewalt und ohne Hierarchien. Der freie Städter blickt auf ein freies Land, wo freie Arbeit, eine produktive Natur alles in Überfluss hervorbringt und dem

freien Menschen eine genussvolle und gesunde Konsumtion ermöglicht. Zugleich wird die Liebesklage Teil dieser Idealwelt, der elegische Ton der 10. Ekloge (im Anblick des Grabhügels von Daphnis) bleibt stilbildend bis ins späte 18. Jahrhundert. In seiner „Aeneis" verbindet Vergil die Eklogendichtung mit der augusteischen Staatsutopie eines Friedensfürsten. Positive Geschichtsverheißung des ewigen Friedens im kaiserlichen Rom und die (später so gedeutete) christliche Verheißung einer neuen Zeit durch die Geburt des Kindes als künftigem Friedensbringer verschmelzen. Christliche Antike und christliches Mittelalter erblicken in Vergil den Verkünder der Geburt von Gottes Sohn auf Erden. So wird eine literarische Nebengattung (Bukolik, Ekloge) zum Medium der Verkündigung der Menschheitserlösung. Die Kunst (in Dichtung und Bild) soll die Natur so abbilden, wie sie idealiter sein kann und zwar als Gegenbild zu ihren gegenwärtigen, realen Verfallsformen. Sie verheißt die Erneuerung von Mensch und Gesellschaft im Bezugssystem der Natur. Mit der von Theokrit vollzogenen Entwicklung von der schrecklichen („locus horribilis") zur schönen Natur („locus amoenus") hatte die Antike der europäischen Neuzeit alle wichtigen Stichworte für deren Entwicklung des bukolischen Bildes von Arkadien vorgegeben.

2. Neuzeitliche Arkadienprojektionen

Mit der 1481 erscheinenden „Arcadia" von Jacopo Sannazaro werden die Bilder des Goldenen Zeitalters und Arkadiens endgültig deckungsgleich. Beschrieben wird der Pilgerzug der Hirten zu einem mit Fresken gezierten Tempel. Diese Fresken bieten das Bildprogramm für die Maler der Frührenaissance (Tizian, Giorgione) und prägen insgesamt das Bild Arkadiens in der neuzeitlichen Malerei. Vorausgegangen waren Dante (1319) und Petrarca sowie Boccaccio mit ihren Eklogendichtungen. Montemayor schrieb den ersten Schäferroman (um 1559), eine Gattung, die ihren Höhepunkt durch D'Urfés „Astrée" (1607/27) erreicht; Guarinis „Pastor fido" begründet die Gattung des Schäferspiels. Wegen seiner breiten Rezeptionsgeschichte sei Tassos „Aminta" erwähnt (aufgeführt 1573 in Ferrara). In Deutschland wird Martin Opitz die Diskussion über die Schäferpoesie nachdrücklich beeinflussen. Das 18. Jahrhundert wird diese Gattung in allen Varianten vor höfischem, adligem und bürgerlichem Publikum zur Geltung bringen. Eine besondere Rolle für die Arkadiendarstellungen spielt die Rezeption der Ovidschen Metamorphosen, weil hier die Motive der Liebesdarstellung in aller Drastik und mythologischer Ausdifferenzierung vorgestellt werden. Arkadien erscheint als eine Landschaft mit Personenstaffage, in der Mensch und Natur eine ideale Einheit bilden.

Das Wort Landschaft, abgeleitet von Althochdeutsch „landscaft" ist im Gegensatz zum Wald der Ort von Brach- oder Ödland, das bewohnt und bearbeitet wird. Der Wortteil „scaft" bezeichnet die Aufgabe, Ordnung herzustellen, eine positive Beschaffenheit durch Eingriff in die Natur vorzunehmen, wobei eine bestimmte vorgegebene (natürliche) Ordnung mittels Eingriff verbessert werden soll. Der Mensch als Bewohner des Landes ist Teil der Landschaft, er bildet mit dieser eine Einheit, er vollzieht seine Gestaltung innerhalb der Ordnung der Natur, während innerhalb der Stadt eine vom Menschen künstlich hergestellte „Umgebung" für deren Bewohner den Alltag bestimmt. Aus der Spannung von vorgegebener Ordnung (Natur) und funktional-künstlicher Organisation (Stadt) entfaltet sich das Pathos von Natürlichkeit und Freiheit in der Natur- und Arkadiendarstellung. Die Landschaft wird zum Gegenstand des Erhebenden (delectare), des Nützlichen (prodesse) und des Schönen.

Theokrit hatte seine arkadische Landschaft mit Hirten besetzt, die noch keine Ackerbautechniken beherrschten, die als Hirten keine Ackerkultur hervorbrachten, sondern die produktive Natur als schöne Natur nutzten. Sie sind umgeben von Olivenhainen, von Weinbergen,

von Kornfeldern, ohne dass diese einer technischen Bearbeitung des Bodens bedürften. Zugleich ist Theokrits Stilistik durchaus artifiziell, so wird vom Bewusstsein des städtischen gelehrten Bürgers der Naturraum Arkadiens als von Kultur entlastete Natur betrachtet. Der natürliche Mensch lebt auf dem Lande, beobachtet und beschrieben vom kultivierten Stadtbewohner, der im Spiegel der Natur der ‚Kosten' seiner Kultur inne wird. Vergil beschreibt sein Arkadien bzw. seine Version des Goldenen Zeitalters aus dem Bedrohungsbewusstsein des römischen Bürgerkriegs, seine Bukolik bietet die Aussicht auf eine Friedenszeit im Bild Arkadiens, die altgriechische Vorzeit erscheint als goldenes Zeitalter und als Vorschein der augusteischen Friedensverheißung.

Die Bukolik bzw. die Idyllenliteratur wird räumlich Arkadien, menschheitsgeschichtlich dem Goldenen Zeitalter zugeordnet. Es gibt neben der arkadisch-räumlichen mithin eine mindestens ebenso wichtige Tradition der zeitlichen Zuordnung des idealen Ursprungs der Menschheit, die Theorie des Goldenen Zeitalters. Hesiod hatte im 8. Jahrhundert v. Chr. von der Zeit des Kronos (lat. Saturn) berichtet, von einer goldenen Vorzeit, in der die Menschen friedlich lebten, gemeinsam mit Tieren, mit den Göttern, ohne Mühsal, ohne Krankheit und Arbeit, erlöst von einem sanften, schmerzlosen Tod. Dieses Bild einer ursprünglichen Idealität wird der Verderbnis und dem Leiden in der Gegenwart (eisernes Zeitalter) als Wunschprojektion konfrontiert. Es handelt sich um eine „sanfte Utopie" einer Hirtengesellschaft, also um die Gegenutopie zur insularen Institutionen- und Stadtutopie, wie sie Thomas Morus 1516 entworfen hatte. Anders ordnet die Landutopie das Verhältnis von Mensch und Natur. Die sich selbstregulierende, fruchtbare Natur entlastet den Menschen von jeglicher Vorsorge, von Konkurrenz und Entwicklungszwängen, von Institutionen, von Militär, Schulen, Universitäten etc. Das Leben ist einfach, es besteht aus Liebe, Schönheit, Naturgenuss, um Nahrung,

Wohnung, Kleidung braucht man sich nicht zu sorgen. Friedrich Schiller hat diese Botschaft der Idylle zeitlich und anthropologisch als positive Erinnerung charakterisiert. Der naive, glückliche Lebensmodus Arkadiens wird in der Gegenwart zur sentimentalischen Erinnerung. Arkadien ist nicht nur Zeichen des positiven Ursprungs der Menschheit, Arkadien ist Maßstab aller späteren Kulturzustände, vielleicht vergleichbar mit Rousseaus Naturbegriff. Die Glücksverheißung des „natürlichen Menschen" wird in der 4. Ekloge Vergils verbunden mit der Erwartung des Kindes (Jesus) und der Proklamation eines weltlichen Friedensreiches (augusteisches Kaisertum). Diese Doppelbotschaft erklärt die Konstanz und Wirkungsmacht der arkadischen Motivkreise: Entscheidend ist die Darstellung Arkadiens in so unterschiedlichen Kunstgenera wie Literatur, Musik (Oper), bildende Künste, Garten- bzw. Landschaftsgestaltung.

Man kannte und kopierte in der frühen Neuzeit die Bilder von Giorgione, Tizian und Campagnola mit ihren arkadischen Landschaftsdarstellungen. In diese Ideallandschaften werden Personenstaffagen integriert: Schäfer, Schafe, Philosophen, Satyre, Nymphen, aber auch die Heilige Familie, z. B. in Caraccis' Die Heilige Familie auf der Flucht nach Ägypten. Carraci platziert 1604 die Heilige Familie in einer lieblichen Landschaft mit See, Wasserfall, Burg, Schäfern. Claude Lorrains (1600-1682) harmonische Landschaften (siehe Abb. 1) werden bis ins 18. Jahrhundert immer wieder rezipiert und variiert. Die Maler kannten selbstverständlich die antiken und ‚modernen' Literaturen mit ihren arkadischen Motivkreisen. Der Humanismus bezieht sich zumeist auf Vergil, auf frühe humanistische Leitautoren wie Patrarca und Boccaccio.

Die Philosophie, insbesondere Shaftesbury (1671-1713) und seiner Schule und im mittleren 18. Jahrhundert Rousseau und der Rousseauismus untersuchen den Menschen im Spannungsfeld von Natur und Kultur.

Schon früh trennen sich die Wege des höfisch-aristokratischen Hirten- und Schäfermotivs von gegenläufigen individualistisch-bürgerlichen Motivdeutungen (mit dem Höhepunkt bei Rousseau). Dabei wird die Landschaftsbeschreibung zumeist bestimmt durch die klassische Landschaftsmalerei, Dichtung als Lyrik oder Prosa folgt den normsetzenden bildenden Künsten. Arkadien ist aber nicht nur Verheißung, sondern auch Mahnung. Der italienische Maler Giovanni Francesco Guercino zeigt zwei junge Hirten, die auf einen Totenschädel blicken, ins Bild ist der Schriftzug „Et in Arcadia ego" eingelassen, den Goethe seiner Italienischen Reise voranstellte. Das „memento mori" hält Einzug in die arkadische Landschaftsdarstellung.

Auch Johann Gottfried Herder (1744-1803) sieht Leben und Tod als die zwei Seiten „der sich immer verwandelnden, wiedergebärenden Natur". Er stellt die arkadische Schäfer-Dichtung unter Realismusvorbehalt. Nicht die „verschönernden Empfindungen" im Blick auf Natur und Hirtengesellschaft, nicht dieses „Elysium der Götter auf Erden", sondern das konkrete „Land der Erde" soll Gegenstand von Dichtung sein. Herder fordert von der Idyllik neben realistischer Darstellungsmanier den Gegenwartsbezug. Beide, Aktualitäts- und Realitätspostulat, werden in der mittleren und späten Aufklärung der Idealisierung, der empfindsamen Naturauffassung vorgezogen. Dies war die Voraussetzung dafür, dass in der Französichen Revolution die Natur als Regenerationsraum der Menschheit gedeutet werden konnte.

Shaftesbury (1671-1713) hatte behauptet, dass das Göttliche untrennbar mit der Natur verbunden sei. Diese beeinflusse die sittlichen Gebote des Menschen und dessen Wertvorstellungen, zwischen dem Natürlichen, dem Tugendhaften und dem Schönen bestehe ein Wechselverhältnis. Shaftesbury begründet damit den „moralischen Sensualismus". Materie und Geist befinden sich in Harmonie. Alexander Pope popularisiert

Abb. 2: Titelblatt und Frontispiz des 5. Bandes von Buffons Naturgeschichte

diese Philosophie der Harmonie und des Optimismus. Die Gleichsetzung von Gott und Natur wertet letztere auf. Im Englischen Garten wird in der Natur die Schönheit und die Moralität versinnbildlicht. Die geometrischen Grundformen des Barockgartens weichen der Asymmetrie von Wegführung, Gelände- und Bepflanzungsgestaltung, allein die palladianische Villa als mehr oder weniger herausgehobenes Zentrum des Englischen Gartens bleibt der streng geometrischen Ausdrucksform verpflichtet. Das leicht gewellte Gelände, der unregelmäßig geformte Teich, die freie Anordnung von Gebüsch, Rasen und Wegen sollen beim Betrachter das Gefühl auslösen, er befinde sich nicht in einer künstlichen, in einer konstruierten, sondern in einer natürlich-arkadischen Landschaft.

3. Die Krise des Arkadienmythos im Gefolge des neuen biologischen Naturbegriffs der Aufklärung

Die Wahrnehmung der Ordnung der Natur im Kompetenzbereich der Einbildungskraft (Imagination) erfährt in den späten 40er Jahren des 18. Jahrhunderts eine nachhaltige Kritik. Einerseits wird der Realitätsvorbehalt gegen eine imaginäre ganzheitliche Schönheitskonstruktion geltend gemacht. Zum anderen findet ein Paradigmenwechsel in der Wissenschaftshierarchie der mittleren Aufklärung statt: Die Biologie in Gestalt der Naturgeschichte wird als Universalwissenschaft gegenüber den mechanisch-mathematisch-physikalischen Wissensformen bevorzugt, das bis dahin vorherrschende mechanistische Modell wird vom Standpunkt einer organologisch-biologischen Erklärung der Natur

kritisiert. Damit gerät die Statik des Arkadienmodells in eine Legitimationskrise, weil der wissenschaftliche Beobachter die Disparatheit der Naturerscheinungen nicht länger leugnet. Diese neue Sicht ist in der Biologie in den späten 40er Jahren des 18. Jahrhunderts in den zahlreich erscheinenden „Geschichten der Natur" deutlich erkennbar. Der Aufseher der königlichen Gärten von Paris, der einflussreichste Biologe seiner Zeit, Buffon, leitet eine Neubewertung der Natur ein, der sich auch die fiktionalen Naturtheorien nicht entziehen können.

Georges Louis de Buffon schreibt 1749 in seiner „Allgemeinen Geschichte der Natur" (siehe Abb. 2), dass der menschliche Verstand die Fülle der Erscheinungen der Schöpfung nicht fassen kann: „Der menschliche Verstand, der für solche Unermeßlichkeit (sc. der Schöpfung) zu klein ist, wird durch die Menge der Wunder überhäuft und zu Boden geschlagen. Es scheinet, als ob alles, was seyn kann, wirklich sey; als ob die Hand des Schöpfers sich nicht allein deswegen aufgethan habe, damit sie einer gewissen festgesetzten Anzahl von Gattungen ihr Wesen gäbe, sondern als ob der Schöpfer auf einmal eine Welt voll Wesen, die sich theils auf einander beziehen, theils auch nicht beziehen; eine unendliche Menge harmonischer und widerwärtiger Dinge, und einen unaufhörlichen Lauf von Zerstörung und Erneuerungen verfertiget hätte. Was für einen Begriff von Macht leget uns nicht dieser Schauplatz vor Augen."[2] Hinter der Allmachtsformel des Schöpfers

---

2 (Georges-Louis LeClerc Comte de Buffon): Histoire naturelle, générale et particulière, avec la description du Cabinet du Roy.

Abb. 3:
Portrait Georg Forster
von Johann Heinrich
Wilhelm Tischbein

versteckt Buffon eine vernichtende Kritik an den Natur-
ordnungstheorien von der Antike bis zur Aufklärung,
insbesondere aber an den Nominalismen der modernen
Biologie seines Zeitgenossen Linné. Er behauptet, dass
die Natur ein Kosmos der Neubildungen, der Vernich-
tung bestehender Arten und Gattungen sei, dass die
falsche Autorität des Verstandes und der Vernunft in
der Aufklärung bislang keine Erklärungen der Natur,
sondern nur Nominalismen hervorgebracht habe, die
mit den „Dingen" („res") nichts zu tun haben, und er
setzt eine Theorie des Lebendigen voraus, aus der er
die Vielfalt, die Widersprüche und die Teilordnungen
der Natur erklären will. Diese riesige Naturgeschichte
Buffons, die von 1749 bis 1789 erschien, wurde in allen
europäischen Staaten gelesen und z. T. zeitgleich übersetzt, bis 1850 sind mehr als 400 Drucke nachweisbar.

Buffons Naturgeschichte basiert auf Beobachtung und
Vergleich, sie akzeptiert keine Ordnungsklassifikation
vor jeder Erfahrung: „Zuerst wollen wir uns also das-
jenige vorstellen, was die Erfahrung vor jeder Zeit her,
und was unsere eigenen Beobachtungen uns in Anse-
hung der Erde lehren. Diese unmäßige Kugel zeiget uns
auf ihrer Fläche Höhen, Tiefen, Ebenen, Meere, Moräste,
Ströme, Höhlen, Abgründe, und feuerspeyende Berge,
und wir entdecken in allen diesen Dingen, bey dem
ersten Anblicke, keine Kunstrichtigkeit und keine Ordnung [...]. Wir finden schwere Materien, die öfter auf
leichten liegen; harte Körper, die mit weichen Materien
umgeben sind, trockne, feuchte, heiße, kalte, dichte,
lockere Dinge, die alle unordentlich durch einander
vermengt sind, und die uns nur eine Vorstellungvon
einem Haufen Trümmern und von einem verwüste-
ten Erdboden geben."³ Der „Naturforscher" muss die
„Nacht der Zeiten" durchdringen, wenn er die Genesis

dessen erklären will, was einmal geworden ist. Es gibt
keine Ordnung jenseits der „Thatsachen". Die Naturgeschichte soll „die Archive der Welt durchwühlen, aus
den Eingeweiden der Erde alte Denkmäler herausholen,
ihre Trümmer auflesen und alle Spuren der physischen
Veränderungen, die uns zu den verschiedenen Zeital-
tern der Natur zurückführen können, in eine Sammlung von Beweisen vereinigen. Dieses ist das einzige
Mittel, in dem unermeßlichen Raum einige Punkte
festzusetzen und an der ewigen Straße der Zeit eine
Anzahl Meilensteine aufzustellen."⁴

Buffon geht von einer ständig produktiven Materie
aus, die bestimmt wird von einer inneren Prägeform
(„moule intérieur"). Mit diesen beiden Grundformen
der Natur, produktiv-wandelbarer Materie und inne-
rer Form, kritisiert Buffon die Präformationslehre und
setzt dieser eine Theorie der Veränderung und Transformation der Gattungen entgegen, die ihn zu einem
Vorläufer einer rudimentären Evolutionstheorie macht.
Struktur und unendliche Variation basieren auf einer
Zufallsentstehung der Arten, aus der Möglichkeit der
Entgleisung von Entwicklungsformen (z. B. der Degeneration von Mensch und Tier), aber auch sprunghafter
Verbesserungen. Die Veränderungen können z. B. auf
Klimaverschiebungen oder Naturkatastrophen zurück-
geführt werden.

Diese Theorie der freien Schöpfung hat auf die
Geschichtstheorie, auf die Natur-, Menschheits- und
Zivilisationsgeschichte zurückgewirkt, auch noch zu
Zeiten, zu denen die Biologie neue, nicht auf Buffon
zurückweisende Wege gegangen ist. In der Untersu-
chung der Pflanzen macht sich seit Buffon eine Anth-
ropologisierung bzw. Anthropomorphisierung ihrer
Charakteristik breit: Pflanzen essen, empfinden, lieben,

37 Bde. Paris 1749-1789. Zitiert wird künftig nach folgender
Ausgabe: Ders.: Allgemeine Historie der Natur (...) mit einer
Vorrede von Herrn Dr. Albrecht von Haller. Theil 1 ff.Hamburg
und Leipzig 1750-1781. Hier: Teil 1, S. 7 f.
3   Ebd., S. 45.

4   Buffon: Les Époques de la nature, zitiert nach Sabine M. Schneider: Komplexe Ordnung. Die Dynamisierung der Natur im natur-
kundlichen Diskurs bei Buffon. In: Günter Oesterle und Harald
Tausch (Hg.): Der imaginäre Garten. Göttingen 2001, S. 125.

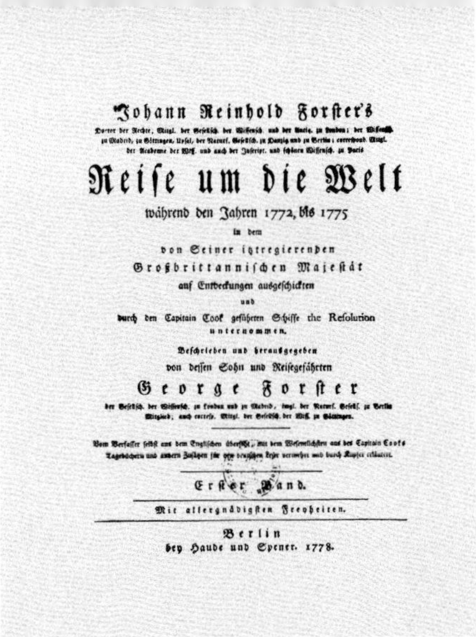

Abb. 5:
Titelblatt der zunächst
in Englisch erschienen
deutschen Ausgabe von
Georg Forsters
Reise um die Welt.

vermehren und entwickeln sich wie Menschen. Allegorisierungen von Naturformen- und -prozessen werden in gleicher Weise zurückgewiesen wie die künstliche Schöpfung von vermeintlich naturidentischen Landschaftsformen (Parks). An deren Stelle soll der aufgeklärte Bürger naturhistorische Museen aufsuchen, in denen er über die Verwandtschaft und Disparität der gesamten Schöpfung durch Anschauung belehrt wird. Der botanische Garten ersetzt die durch ‚Einbildungskraft' wahrgenommene Parklandschaft. Die biologische Forschung berücksichtigt die individuelle Entwicklung von Pflanzen, Tieren und Menschen, zugleich wird die Natur als plastische Natur gedacht, die sich mit ihren widerstrebenden Kräften und Lebensorganisationen der Wahrnehmung qua Einbildungskraft entzieht.

4. Das Ende Arkadiens: Die Zerstörung des arkadischen Südseemythos durch den ethnologischen Blick (Georg Forster)

Georg Forster (1754-1794) (siehe Abb. 3) hat als Teilnehmer und Berichterstatter der 2. Cookschen Weltumseglung (1772-1775) erstmals die Buffonsche Naturtheorie auf die Beschreibung der Erdregionen angewendet (siehe Abb. 4) und als Professor für Naturgeschichte in Kassel eine Antrittsvorlesung „Über das Ganze der Natur" gehalten. Darin entwickelt er eine Kombination von Natur- und Menschheitsgeschichte, aus der er in seinem Spätwerk „Ansichten vom Niederrhein" eine überraschend moderne Zivilisationsgeschichte der Kulturkommunikation abgeleitet hat. Damit legte Forster die Grundlage für eine grundsätzliche Absage an Theorien von Arkadien, des Goldenen Zeitalters, der verklärten Vor- und Frühgeschichte der Menschheit sowie jeder Form einer Poetisierung von Gegenwarts- und Vergangenheitsgeschichte. Buffon hatte einen Zwischentypus von Natur und menschlicher Naturbearbeitung befürwortet. Eine Natur, die sich selbst überlassen bleibt, gerät in eine Spirale der Selbstzerstörung,

der Mensch muss die Natur sanft kultivieren, er darf dabei die Baupläne der Natur nicht zerstören. Auch Umwelteinflüsse wie Klima, wie Bodenbeschaffenheit, wie Jahreszeiten sind zu berücksichtigen. Arkadien, wie es z. B. im Erstkontakt den Aufklärungsreisenden mit Tahiti (Abb. 4) erschien, ist eine Ausnahmetopographie. Hier verwandelt der Mensch die Natur in eine „Plantage".

Der Ethnologe, so der Buffon-Schüler Georg Forster, sollte immer auch Naturhistoriker sein. Am Beispiel der Erforschung Tahitis durch die zweite Cook- Expedition (siehe Abb. 5), lässt sich erkennen, wie eine naturkundliche Landesinspektion in der Spätaufklärung funktionierte. Forster kombiniert die Naturgeschichte mit den Methoden der Kulturgeographie sowie einer biologischen Anthropologie. Die Erdgeschichte ist, so

Abb. 4: Georg Forster und Vater Johann Reinhold in der Südsee/Tahiti. Gemälde von Johann Francis Rigaud

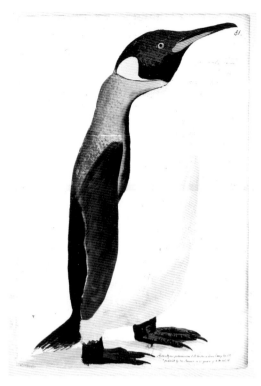

Abb. 6 a-c: Beispiele für G. Forster Tierzeichnungen: 6a Zügel oder Südpolpinguin (Pygoselis antarctica);

Abb. 6b: Eisvogel (Alcedo atthis).

Forster, weitgehend abgeschlossen, die Pflanzengeschichte verläuft in langsamen Entwicklungsintervallen, die Tiergeschichte zeigt erhebliche Veränderungen, der Mensch ist gleichsam die „offene" Stelle innerhalb der Naturgeschichte, die Spuren seiner Veränderungen lassen sich in der jeweiligen Bodenindividualität der entsprechenden Entwicklungsabschnitte der Menschheitsgeschichte ablesen. Der Boden ist der Nahrungsspender des Menschen, er hat Einfluss auf die Gewohnheiten, die Sitten, die Gesinnungen von Völkern. Forster geht in seiner Menschheitsgeschichte von einer primären Wildheitsstufe aus, der sich die Hirtenphase, die Phase der Ackerbaugesellschaft und sodann die Übergangsformen zur Moderne anschließen. Die 2. Weltreise Cooks hatte zu der Überzeugung geführt, dass zum Zeitpunkt dieser Reise alle Stufen der Menschheitsgeschichte noch auf der Erde neben einander existieren, so dass die Weltreise Einblicke in alle historischen Formationen und Kulturen der Menschheit ermöglicht.

Welche Rolle spielt Arkadien in dieser fortgeschrittenen Ethnologie der Erdkulturen, die Forster beschrieben hat?

Wie bereits erwähnt, hat Georg Forster gemeinsam mit seinem Vater Johann Reinhold Forster an der zweiten Weltreise von James Cook (1772-1775) teilgenommen. In seiner Weltreisebeschreibung (siehe Abb. 5) hatte Georg Forster den Tahiti-Mythos in einer solchen Weise populär gemacht, dass er von den Zeitgenossen als „arkadischer Jüngling" verehrt wurde, der den

idealen „Naturzustand" (Tahiti) gesehen habe. Georg Forster, dem im Wörlitzer Garten vom Fürsten Franz der sogenannte Forster-Pavillon mit ethnologischen Fundstücken aus der Südsee eingerichtet wurde, revolutionierte die Naturbeschreibung, indem er topische Bildformen der Antike verband mit subjektiven Wahrnehmungstheorien.

Das Eingangsbild der Tahiti-Beschreibung wird in der literarischen Darstellung zunächst aus der Perspektive des Expeditionsschiffs, aus der Entfernung, aus der Zentralperspektive entworfen, die vorgestellte Naturszenerie erscheint wie ein Bühnenbild, das die Reize von Farben, Geräuschen und Gerüchen an den Leser dieses überwältigenden Naturschauspiels übermittelt. Forster erblickt ein „Bild" in der Manier von Claude Lorrain. Die Personen in ihrer Nacktheit erscheinen dem Autor als griechische Nymphen und Jünglinge, die in einer Natur von paradiesischer Schönheit leben. Forster blickt auf eine Friedenszene im Augenblick des Sonnenaufgangs, die ideale Naturgesellschaft Tahitis wird im Glanz des frühen Tages wahrgenommen und beschrieben. Die europäischen Seefahrer meinen mit Tahiti den „Garten Eden" entdeckt zu haben.

Forster erblickt eine Friedenszene im arkadischen Festgewand einer idealen Natur. Die Wilden begrüßen die Fremden als „Freunde", man feiert eine gemeinsame „Messe", tauscht Waren aus – die Begegnung fremder Kulturen vollzieht sich ohne

Abb. 6c: Südamerikanische Trappe

Verständigungsschwierigkeiten. Der Übergang vom „stillen", unbelebten zum belebten Bild löst den Perspektivwechsel des Betrachters aus: Der Erzähler gibt die Zentralperspektive auf und begibt sich in das Bild, er wird Akteur im Bild, die Friedensidylle mit ihren Verheißungssignalen zerfällt in diesem Augenblick. Der Naturhistoriker Forster entdeckt an Land hunderte von unbekannten Pflanzen, die er in seine Herbarien aufnimmt oder zeichnet, er klassifiziert neue Tierarten (siehe Abb. 6a, b, c), nimmt Bodenproben und bestimmt die Gesteinsarten, untersucht die Dichte der Fauna und stellt fest, dass die ursprüngliche Flora und Fauna angereichert wurde durch fremde Kulturpflanzen und Nutztiere (Hunde, Schweine), die von außerhalb eingeführt wurden. Der Ethnologe dechiffriert die Idylle, indem er die geschichtlichen Zeichen einer fremden Landschaft liest als Kulturgenese einer „patriarchalischen" Feudalgesellschaft ohne die Freiheit, die Gleichheit und das Glück Arkadiens.

Im Augenblick des Abschieds der Cook-Expedition von Tahiti benutzt Forster dennoch erneut die arkadisch-idyllischen Bildsequenzen und erklärt, dass die überreiche, produktive Natur Tahitis es deren Bewohnern erlaube, wenig zu arbeiten und trotzdem ungleich mehr zu konsumieren als der gemeine Europäer. Das Bild der Idylle bezeichnet diese Gesellschaft, die keine „natürliche Freiheit" mehr kennt, die aber wegen der Schönheit ihrer Menschen, der arkadischen Natur, der südlich-milden klimatischen Bedingungen, der Gewohnheiten und Sitten ihrer Bewohner dem Europäer als Traumbild erscheint, das sich dann auflöst, wenn das Totalbild durch den „Spaziergang im Bild" in seine Realstruktur transformiert wird: Die Produktivität der Natur verhindert die Entstehung einer Arbeitsgesellschaft mit Zivilisationsstrukturen. Tahiti verbleibt im Zustand einer „schönen Gesellschaft" der Frühzeit, Europa entfaltet hingegen ausschließlich die Strukturen des „Nützlichen". Im Kulturkontakt Tahitis mit Europa, so Forster, wird der Keim gelegt für den Untergang der Frühkulturen, die kolonialisiert werden.

Erst die „Bilder des Wirklichen" setzen die wahre Erkenntnis frei. Diese konstruktive Wirklichkeitserkenntnis ist wie der Gegenstand der Beobachtung, die menschliche Zivilisation, ein „Fabrikat der Vernunft". Wir stehen am Ende der Naturverherrlichung im Banne der zweitausendjährigen Arkadientradition. Tahiti wird, so Forster früher oder später in den Sog der europäischen Zivilisation hereingezogen, dann löst sich Arkadien auf. Die ersten Zeichen einer Degeneration der Naturgesellschaft und ihrer utopisch anmutenden Lebensformen meinte Forster bereits 1773 in Tahiti ausgemacht zu haben.

Jürgen Luh

Wasser in Arkadien. Das Beispiel des Gemäldebestandes der Hohenzollernschlösser[1]

Wasser im Bild gibt es wohl, seit der Mensch mit Blut, Kohle oder Kreide, mit Feder, Stift, Pinsel oder irgendeinem anderen Instrument oder Werkzeug malt, skizziert oder zeichnet. Bereits in der Höhlenmalerei vor 20 000 bis 40 000 Jahren spielte Wasser in leichter, skizzenhafter Form eine Rolle als ein Element, das in der Natur vorkommt, mit dem man sich auseinandersetzen, mit dem man umgehen muss – und kann, weil es Hindernis und Lebensquell zugleich ist.

Als Hindernis, das es zu überwinden gilt, und als Quell des Lebens wurde Wasser, genauer das Nilwasser im alten Ägypten, vielfach dargestellt. Die Fluten des Nil, die in regelmäßigem Hochwasser über die Ufer traten, sorgten mit dem Schlamm, den sie ins Land spülten, für fruchtbaren, ertragreichen Boden, waren Voraussetzung dafür, die Bevölkerung sicher zu ernähren, waren der erste Grund für den Reichtum des Landes. Ein Hindernis, wie zu Beginn der Menschheit, bedeutete das Wasser nun nicht mehr. Die Ägypter hatten gelernt, den Nil zu beherrschen, zu befahren, ihn sich nutzbar zu machen, auch von seinem Fischreichtum zu leben. Die Darstellungen vom Fluss, die sich oft in Grabmalereien erhalten haben, machen uns dies ganz deutlich. Sie zeigen Menschen, die den Fluss befahren, die Fische stechen oder mit dem Netz aus dem Wasser ziehen und Rinder an den Nil führen, um sie zu tränken. Die Bildnisse zeigen das Zusammenspiel von Mensch und Wasser. Das Wasser als Thema oder arkadische Wasser-Landschaften zeigen sie nicht.

Zu einer Gattung der Malerei wurden Gemälde, die Wasser zum Thema hatten, erst seit dem 16. Jahrhundert,

besonders aber seit dem 17. Jahrhundert durch die in den Niederlanden entstandenen, sehr beliebten Seestücke.[2] Für Marinemalerei gab es in Holland einen großen Markt, was an der niederländischen Expansion nach Übersee lag. Marinemalerei brachte den Künstlern dort Prestige. Vermittelt über die Niederlande, in denen sich Friedrich Wilhelm von Brandenburg als Kurprinz von 1634 bis 1638 aufhielt und starke Eindrücke einer Handels- und Seefahrernation empfing, sowie durch Johann Moritz von Nassau, seinen Berater in Fragen von Kunst und Kultur, wurden Seestücke beliebte Ausstattungsstücke in den brandenburgischen Schlössern. Friedrich Wilhelm kaufte beispielsweise Gemälde von Sebastian Castro, Michiel Maddersteg, Michiel Mulier, Ludolf Backhuysen, um nur einige Künstler zu nennen.[3]

Betrachtet man diese Gemälde genau, fällt sofort ins Auge, dass darin das Wasser eine bedeutende, nicht aber die Hauptrolle spielt. Diese fällt den im Wasser fahrenden Schiffen zu. Sie sieht der Betrachter, meist unter Segeln, sich ihren Weg durch die Wellen bahnen, entweder auf dem sich leicht kräuselnden Meer oder bei schwerer See. In der Regel werden Kriegsschiffe, Fregatten, Zweidecker, Dreidecker oder kleine Fischerboote dargestellt. Von ihnen geht im Bild die Aktion aus.[4]

Oftmals sind die Kriegsschiffe im Kampf dargestellt, manchmal Seite an Seite und ineinander verhakt. Weiße Rauchwolken signalisieren dann, dass sie ihre Geschütze abfeuern. In diesen Schlachtendarstellungen ist die See immer rau und aufgewühlt, sind die

---

1   Dazu zählen heute u. a. das Neue Palais, Sanssouci und die Bildergalerie in Park Sanssouci, die Schlösser Rheinsberg, Caputh, Königs Wusterhausen, in Berlin die Schlösser Charlottenburg, Grunewald und Schönhausen sowie das zerstörte Berliner Schloss und das gesprengte Schloss Monbijou, dann die Schlösser, die ehemals den Hohenzollern gehörten, so Homburg in Hessen, Molsdorf in Thüringen oder Oels in Schlesien.

2   Siehe Jeroen Giltaij: Einleitung, in: Jeroen Giltaij, Jan Kelch (Hg.): Herren der Meere – Meister der Kunst, Katalog zur Ausstellung, Rotterdam, Berlin 1996, S. 11-19, S. 11. Seit dem 17. Jahrhundert spreche man von einem „Genre der Marinemalerei" (S. 12).

3   Siehe z. B. Gerd Bartoschek, Christoph Martin Vogtherr: Zerstört. Entführt. Verschollen. Die Verluste der preußischen Schlösser im Zweiten Weltkrieg. Gemälde I, Potsdam 2004, S. 61 und S. 308.

4   Das ist gut zu überblicken in: Jeroen Giltaij, Jan Kelch (Hg.): Herren der Meere – Meister der Kunst, Katalog zur Ausstellung, Rotterdam, Berlin 1996, S. 82-437.

Abb. 1: Lieve Verschuier:
Die kurbrandenburgische Flotte, 1684,
SPSG, GK I 928, Foto: Jörg P. Anders

Wellen bedrohlich hoch für die Menschen, die über Bord gegangen sind und versuchen, sich über Wasser zu halten. Werden sie nicht im Kampf gezeigt, gleiten die Kriegsschiffe majestätisch über die meist glatte See, so dass man ihren Schnitt, ihre Linie gut erkennen kann. Oftmals sind es in ihrer Zeit berühmte Schiffe, die in einer Schlacht gekämpft oder weite Reisen unternommen haben.

Lieve Verschuier (um 1634-1666) hat auf diese Weise versucht, die gesamte Flotte Kurfürst Friedrich Wilhelms ins Bild zu setzen, um die Seemacht Brandenburgs vor Augen zu führen. Tatsächlich lassen sich die meisten in dem Gemälde abgebildeten Segelschiffe erkennen und benennen: die „Friedrich Wilhelm zu Pferde" etwa, die „Dorothea", der „Rothe Löwe". (Abb. 1) Einen Teil der brandenburgischen Flotte hat Michiel Maddersteg wenig später auf der Spree vor Schloss Köpenick und in bewegter See wohl vor einer europäischen Küstenstadt gemalt. Wasser ist selbstverständlicher, großflächiger Bestandteil des Bildes, besser Blickes, in diesen Gemälden. Es bildet jedoch nur die Bühne, die dramatische Szene, auf der als eigentliches Motiv der Malerei – und für die Malerei – die Schiffe und Boote herausgehoben präsentiert werden, um Umfang und Schlagkraft der Flotte vorzuführen.[5]

Eigenständigkeit als Thema, Selbständigkeit als Motiv erlangt Wasser in solchen Seestücken, in der Marinemalerei insgesamt, im Grunde nie. Gemälde, die ausschließlich Wasser zum Gegenstand haben, die eine einzelne gigantische Welle, Wellengang oder schwere See abbilden, sind äußerst selten. In den Hohenzollernschlössern hingen, soweit sich dies feststellen lässt, einige Bilder, die „Stürmische See" oder „Unruhige See" betitelt sind. Von dreien gibt es noch Abbildungen, die übrigen sind im Zuge des Zweiten Weltkriegs verloren gegangen.[6]

Ungemütlicher, lebensbedrohlicher Seegang, aufgepeitschte, hohe Wogen sind in diesen Gemälden vielfach dargestellt – schwere See im Vordergrund ist hier stets ein wesentliches Motiv. Das kann man sehen, oder, bei den verlorenen Gemälden, aus Titel und erhaltener Beschreibung erschließen. Pieter Muliers (um 1615-1659) nicht mehr vorhandenes „Seestück mit Hafen, mehreren Schiffen und Bollwerk" ist dafür ein gutes Beispiel. (Abb. 2) Doch das Motiv des lebendigen Meers macht Muliers Bild nicht alleine aus. Zusätzlich sind in dem Gemälde Boote und Schiffe abgebildet, die samt ihren Besatzungen gegen die Unbilden des Wetters und Wassers kämpfen. Die Menschen kämpfen um ihr Überleben, sie wollen während des Sturms in der rauen See nicht untergehen. Dieser Kampf macht die Dramatik des Gemäldes aus. Auf dieses Ringen der Seeleute mit der Naturgewalt achtet der Betrachter des Bildes, den Menschen gilt seine Anteilnahme. Erst danach blickt er in das aufgepeitschte Wasser.

Auch in der weiter gezogenen Gattung der Landschaftsmalerei, die die Kunstgeschichte der See- und Marinemalerei in der Regel überordnet, finden sich bis ins 19. Jahrhundert hinein nur sehr selten Bilder, die das Wasser als Motiv und Thema in den Mittelpunkt stellen.[7] In großartiger Intensität hat dies Joseph Mallord

---

5   Dazu Hans Saring: Schiffahrtspolitik des Großen Kurfürsten, in: Brandenburgische Jahrbücher, Heft 11, Potsdam, Berlin 1938, S. 3-15. Die von Verschuier abgebildeten Schiffe lassen sich anhand der Verzierungen am Heck identifizieren.

6   Siehe Gerd Bartoschek, Christoph Martin Vogtherr: Zerstört. Entführt. Verschollen. Die Verluste der preußischen Schlösser im Zweiten Weltkrieg. Gemälde I, Potsdam 2004, passim.

7   Eine trennscharfe Kategorisierung hat die Kunstgeschichte

Abb. 2: Pieter Mulier d.J.: Ein Hafen mit mehreren Schiffen und Bollwerk, SPSG, GK I 1527, Foto: Gerd Bartoschek

William Turner (1775-1851) in seinen späten Werken getan. Wasser beherrscht darin die Landschaft, das Land, die Küste. Turner hat dieses Element vor allem in seinen späten Werken ab 1840 sehr dramatisch, in seiner realen wie mystischen Tiefe dargestellt, in einem Malstil, der den Impressionismus vorwegnahm und der oftmals mehr, als es die „klassischen" impressionistischen Maler taten, Claude Monet (1840-1926) vielleicht ausgenommen, die Formen auflöste. [8] So etwas hatte man bislang nicht gesehen, Turners Zeitgenossen haben diese Bilder weder verstanden noch geschätzt. In die Sammlungen des englischen Königshauses fanden diese Gemälde keine Aufnahme, in den Hohenzollernschlössern sind sie unvorstellbar. Der „Mönch am Meer" von Caspar David Friedrich (1774-1840) (Abb. 3) war das höchste an „Abstraktion", das den Hohenzollernherrschern erträglich schien.

Hier gab es nur naturalistische Bilder, in denen Wasser das Motiv, weniger aber, wie bei Turner, das Thema war. Die meisten dieser Gemälde zeigen Wasserfälle, so Jakob Philipp Hackerts (1737-1807) „Wasserfall von Anatrella auf der Insel Sora", Sebastian Karl Christoph Reinhardts (1738-1827) „Zackenfall", beide Ende des 18. Jahrhunderts gemalt, oder August Kopischs (1799-1853) „Wasserfall des Velino bei Terni in Mittagsbeleuchtung" von 1839. Andere thematisieren berühmte Seen, wie beispielsweise Julius Schoppes (1795-1868) „Vierwaldstätter See" von 1865. In diesen Gemälden ist das Wasser das Hauptmotiv und meist der Mittelpunkt des Bildes, das ergänzt wird durch Landschaft und Menschen. Solche Ansichten schätzten die Hohenzollern von Friedrich Wilhelm III. bis zu Wilhelm II.

Ganz überwiegend aber wurde in den zur Landschaftsmalerei zählenden, vom 16. bis zum 20. Jahrhundert entstandenen Gemälden wirkliche „Landschaft", das heißt Land im Gegensatz zu Wasser, dargestellt. Die Sammlungen der Hohenzollern spiegeln dies wider. Man malte das Land in seiner ganzen Weite und Vielfalt: Geländeformationen, so Berge, Hügel, Täler, Schluchten, oft mit Wegen, die durch diese geographischen Formationen führen; Pflanzen, so Bäume, Sträucher, Büsche, Blumen, die, aus der Erde wachsend, den

---

bislang nicht vorgenommen: „Die Unterscheidung der beiden Kategorien Landschaft und Seestück scheint nicht sehr schwerzufallen", schrieb Jeroen Giltaij in seiner Einleitung. Er spricht von „echten Seebildern", sagt aber nicht, was diese ausmacht. Zu Seestücken möchte er auch „beeindruckende Flusslandschaften" zählen. Siehe Jeroen Giltaij: Einleitung, in: Jeroen Giltaij, Jan Kelch (Hg.): Herren der Meere – Meister der Kunst, Katalog zur Ausstellung, Rotterdam, Berlin 1996, S. 13.

8   Siehe aktuell: David Blayney Brown, Amy Concannon, Sam Smiles (Hg.): Late Turner. Painting set free, London 2014.

Abb. 3: Caspar David Friedrich: Mönch am Meer, SPSG, GK I 1810, Foto Oberhofmarschallamt

Abb. 4: Carl Blechen: Steilküste am Meer,
SPSG, GK I 6904, Foto: Unbekannt

Abb. 5: August Wilhelm von Preußen: Flusslandschaft mit
Gondel, SPSG, GK I 3076, Foto: Unbekannt

Geländeformationen eine weitere Charakteristik gaben; und in diese Landschaft wurden vielfach einzelne oder mehrere Gebäude gesetzt oder Bauwerke oder gar ganze Stadtsilhouetten.

Eine Stadt zu sehen und in vielen Fällen ihren Namen zu bestimmen, sollte der Blick in die Landschaft, beziehungsweise durch die Landschaft, oftmals erst ermöglichen. Zu solchen Stadtansichten muss man auch das Bild des französischen Malers André Dubuisson[9] (1700-1770), Schwager des preußischen Hofmalers Antoine Pesne (1683-1757), „Paläste am Wasser", zählen. In diesem Capriccio bilden eindeutig Mauern und Gebäude das Motiv, sind das Thema der Phantasielandschaft. Dagegen ist das Meerwasser der in der rechten Bildhälfte gemalten Bucht mit den sie befahrenden kleinen Küstenfahrzeugen und hochseetüchtigen Seglern lediglich Staffage, die den Blick in die Tiefe freigibt.

Wasser ist, wenn es denn in solchen Veduten und Landschaftsbildern vorkommt, regelmäßig ein weiterer, zusätzlicher Bestandteil der Gesamtkomposition. Ist Wasser überhaupt Teil des Bildes, ist ein Teich, ein See, ein Fluss oder das Meer in Landschaftsgemälden dargestellt, bildet es in der ganz überwiegenden Zahl der Fälle nicht das zentrale Motiv der Malerei, sondern dient zur Gliederung, ist ein Element, das zur Natur gehört und nach der Kunsttheorie spätestens seit Anfang des 18. Jahrhunderts Bestandteil von Landschaft sein soll.[10] Das zeigt sich schnell, wenn man den Gemäldebestand der Hohenzollernschlösser betrachtet. „Wasser" wurde von den Malern seit dem 17. Jahrhundert in Bildern dank seiner grundsätzlich „horizontalen" Eigenschaft zunächst dafür genutzt, um eine mehr oder weniger plane Fläche zu schaffen – wie eben sie war, darüber entschied der gemalte Wellengang, um eine

offene, weite „Aussicht" zu gewinnen, über die der Blick des Betrachters in die Weite und Tiefe des Raums auf das eigentliche Motiv gelenkt werden sollte. Es ist eine zeitlose „Technik", wie sie, das zeigen die Gemälde in den Schlössern, auch noch von den Malern des 19. Jahrhunderts gern eingesetzt wurde.

Deutlich wird dies besonders bei Stadtansichten, wie etwa bei Mathieu Schoewaerdts' (um 1665-nach 1702) am Ende des 17. Jahrhunderts entstandenen, heute verlorenen Capriccio „Prospekt einer Stadt am Wasser". Von einer Quaimauer blickte der Betrachter über ein lebendiges Hafenbecken, das unzählige, zum Teil orientalisch gekleidete Menschen in Ruderbooten durchqueren, auf die Silhouette einer – sie lässt sich nicht genau bestimmen; niederländischen oder englischen? – Stadt. Offensichtlich ist dieser malerische „Einsatz" von Wasser auch in Wilhelm Barths (1779-1852) 1837 gemalter „Ansicht von Crossen an der Oder", seinem 1837/38 gemalten Bild „Stadt und Schloss Oranienburg von Nordosten" sowie seiner 1838/39 entstandenen, 1840 im Neuen Palais in Potsdam platzierten „Ansicht von Werben". Der Blick gleitet hier einmal über die Oder, dann über die Havel, schließlich über die Elbe, um es dem Betrachter zu ermöglichen, über die glatte Oberfläche des Flusses die jeweiligen Ortschaften zu erkennen.[11]

Aber auch in Gemälden, deren Fluchtpunkt einzelne kleinere Objekte sind, schafft Wasserfläche Weite und räumliche Tiefe. Wird beispielsweise im Bild das Meer dargestellt, wollen die Maler regelmäßig, dies wird am Gemäldebestand der Schlösser deutlich, über die dann meist bewegte Wasseroberfläche die Aufmerksamkeit des Betrachters auf ihr eigentliches Motiv lenken, das sich immer über die Wellen erhebt, beispielsweise auf eine bizarre, eigentümliche „Steilküste am Meer", wie

---

9   Als Vorname Dubuissons wird in der Literatur auch Andreas oder Augustin genannt.

10   Siehe etwa Gérard de Lairesse: Des Herrn Gerhard de Lairesse, Welt-belobten Kunst-Mahlers, Grosses Mahler-Buch ..., Nürnberg 1728, S. 122 ff. Dank an Julia Klein.

11   Dazu Gerd Bartoschek, Christoph Martin Vogtherr: Zerstört. Entführt. Verschollen. Die Verluste der preußischen Schlösser im Zweiten Weltkrieg. Gemälde I, Potsdam 2004, S. 454, S. 65, S. 67.

sie Carl Blechen (1798-1840) in der ersten Hälfte des 19. Jahrhunderts malte (Abb. 4), oder auf symbolisch aufgeladene „Gestade der Vergessenheit", die Eugen Bracht (1842-1921) 1889 der Leinwand anvertraute. Oder die Wasserdecke führt den Blick in die Ferne, so in einer Malerei Wilhelm August Leopold Krauses (1803-1864) von 1849 auf „Dumbarton Castle am Clyde", oder so schon bei August Wilhelm von Preußens (1722-1758) Bild „Flusslandschaft mit Gondel" aus der Zeit um 1750, in der der Blick des Betrachters über ein kleines, mit Angehörigen des Hofes besetztes Boot über den Fluss zum diesigen Horizont gelenkt wird. (Abb. 5)

Dieses Gemälde des Prinzen in Preußen, war, wenn man die alte Glasaufnahme anschaut und aufmerksam studiert, ganz offensichtlich beeinflusst von der Malerei der Fêtes Galantes, der Malerei Jean-Antoine Watteaus (1684-1721), Nicolas Lancrets (1690-1743) und deren Umkreis, die sein großer Bruder Friedrich II. geschätzt und gesammelt hat. Watteau hatte in vielen seiner

Abb. 5a: Wilhelm Barth: Caputh vom Wasser aus, 1844, SPSG, GK I 6681, Foto: Gunter Lepkowski

Abb. 6: Wilhelm Barth:
Bassin auf dem Ruinenberg,
1842, SPSG, GK I 6718,
Foto: Ulrich Frewel

Bilder arkadische Landschaften gemalt. Er hat eine pastorale Welt geschaffen, bevölkert von Adligen und Höflingen, die sich ungezwungen als Hirten, Schäfer und Schäferinnen, als Musiker, Tänzer oder Tänzerinnen kleideten und gaben. Arkadien – das war und ist ideale, idyllische Natur, die bei den Menschen Lebensfreude, Zuversicht und Heiterkeit hervorbringt.[12] Das Sinnbild solch lebensfroher Idylle ist Watteaus 1717/18 gemalte „Einschiffung nach Kythera", auf die Insel der Liebesgöttin Aphrodite. Das Wasser im Hintergrund des Gemäldes ist hier, obgleich nur schwach zu erkennen, konstituierender Bestandteil der Komposition, denn es ist der Weg, den man zurücklegen muss, um in dieses Arkadien zu gelangen. Das Wasser wird, obwohl es weder Thema noch Motiv ist, durch Watteaus Komposition zu einer wichtigen Ingredienz Arkadiens.

Den Gedanken „Wasser in Arkadien" haben Preußens Könige von Friedrich dem Großen bis zu Friedrich Wilhelm IV. aufgegriffen und bei dem nach und nach erfolgten Ausbau der Berlin-Potsdamer Kulturlandschaft berücksichtigt. Auf Ansichten dieser Kulturlandschaft darf das Wasser deshalb keinesfalls fehlen, es wird ein wesentlicher, oftmals gar konstituierender Bestandteil der Bildkompositionen, weil es das integrierende Element dieser von den Königen gezielt geschaffenen Kulturlandschaft ist.

Sehr eindrücklich belegen dies die Gemälde von Wilhelm Barth (1779-1852) aus den 1830er und 1840er Jahren. Auf den Bildern „Schloss Caputh" oder „Meierei im Neuen Garten" lenkt das Wasser, wie man es gewohnt ist, zwar den Blick des Betrachters. (Abb.6) Es weckt bei ihm zudem aber und anders, als es in den bislang berührten Gemälden der Fall ist, eine Heile-Welt-Stimmung. Die weiter entfernten, kleinen, eher

unscheinbaren Gebäude oder Gebäudeensembles, die umliegende freundlich-grüne Landschaft und der blau strahlende Himmel werden erst durch das Wasser zu einem Idealzustand. Die Gesamtkomposition wird auf diese Weise zu einem Garten Eden. Auch bei dem Gemälde „Die Heilandskirche in Sacrow", in der die Kirche ganz zentral und größer dargestellt ist als es Schloss Caputh oder die Meierei sind, ruft erst das Wasser, das ein Drittel des Bildes einnimmt, durch die Spiegelungen, die es ermöglicht, jene wohlgemute Stimmung hervor, die Eden eigen ist.

Wirklich arkadisch wird die Stimmung in dem Gemälde „Bassin auf dem Ruinenberg". (Abb. 7) Das Wasser im Bassin macht den Mittelpunkt des Bildes aus, es verbindet gleichsam die künstlich angelegten römischen Ruinen, die wie nichts sonst Symbole für den Süden und für Arkadien sind; das Wasser spiegelt die artifiziellen Überreste und verstärkt so noch den Eindruck, den sie hervorrufen sollen. Rund um das Becken herum stehen Kiefern und Sträucher, die in ihrer Anmutung Palmen, Olivenbäumen und anderen tropischen Gewächsen bukolischer Landschaften sehr nahe kommen. Nur Hirten, Schafe, Rinder fehlen in der dann doch nüchterneren Welt der Hohenzollern. So muss das Wasser „Arkadien" akzentuieren und zusammenhalten. Erst durch das Wasser werden die Schlösser und Gärten Potsdams und Berlins in der Realität – und in der Malerei – zu einer arkadische Kulturlandschaft.

---

12 Dazu Christoph Martin Vogtherr: Französische Gemälde I. Watteau, Pater, Lancret, Lajoüe, Berlin 2011.

Theorie

der

Gartenkunst.

Von

C. C. L. Hirschfeld,

Königl. Dänischem würklichen Justizrath und ordentlichem Professor der Philosophie
und der schönen Wissenschaften auf der Universität zu Kiel.

Erster Band.

Leipzig,
bey M. G. Weidmanns Erben und Reich. 1779.

MANFRED GEIER

„Man erfreut sich, wo man es erblickt, wenn es nur rein und frey ist."[1]

Wasser in der Gartenkunst des Christian Cay Lorenz Hirschfeld

Es war ein milder Sommerabend, als der jugendliche Erzähler mit einem Freund auf der Anhöhe eines nahe gelegenen Landhauses saß und die Szene genoss, die sich ihnen offenbarte. Sie war viel schöner als die vielen Gestaltungen des Kunstschönen, das ihnen vor allem durch Gemälde bekannt geworden war. Denn jetzt sahen sie die natürliche Schönheit, die in ihren Nachbildungen niemals erreicht werden könne, und seien sie auch von den besten Künstlern gemalt. Sie betrachteten die Landschaft im untergehenden Licht der Sonne und das letzte Schauspiel des Tages entzückte sie, wobei die Freude des Anblicks durch das Wasser gesteigert wurde, das die Landschaft besonders verschönerte. Denn durch einige Öffnungen nahe stehender Büsche konnte ihr Blick über die Ähren der Felder schweifen „bis an die Ufer eines tief unter uns gleitenden Flusses herab, an welchem, sorglos wegen seiner hergrasenden Heerde, der Hirte sich mit der Angel belustigte."[2]

Die beiden Freunde betrachteten nicht nur stumm, was sich ihnen zeigte. Sie unterhielten sich auch über die Schönheit der Landschaft, die ihnen wie ein arkadischer Ort der Glückseligkeit erschien, und versuchten sich über ihre Gefühle bewusst zu werden, die durch die natürliche Anschauung erzeugt wurden. Und so ergab sich aus sinnlicher Betrachtung und ästhetischer Reflexion

Abb. 1: Christian Cay Lorenz Hirschfeld. Kupferstich von J. D. Heidenreich (1792).

allmählich der Stoff für seine ersten „Anmerkungen über die Landhäuser und die Gartenkunst", in denen Christian Cay Lorenz Hirschfeld 1773 aufzuklären versuchte (siehe Abb. 1), was er zusammen „mit einem Freunde, der sich auf den Reiz der Natur versteht"[3], betrachtet und besprochen hatte. Doch wer war überhaupt dieser Hirschfeld[4], und in welchen Situationen befand er sich, als er sich über die Formen und Regeln der Landschafts- und Gartenkunst, die mannigfaltigen Gestalten und Charaktere des Wassers inbegriffen, klar zu werden versuchte?

1. Reise in die Schweiz

Geboren wurde Hirschfeld am 16. Februar 1742 in einem kleinen Dorf in der Nähe von Eutin, Kreis Ostholstein. Das heimatliche Gebiet, das später als „Holsteinische Schweiz" bekannt wurde, erfreute ihn mit seiner ländlichen Ruhe und Schönheit; und die private Erziehung in seiner bürgerlichen Pastorenfamilie vermittelte ihm die Maximen eines guten Lebens in moralischer Hinsicht, denen er sein Leben lang zu folgen bemüht war. Nach dem Tod des Vaters (1754) ging er nach Halle/Saale, wo er den Geist der Aufklärung kennen lernte, zunächst in der Waisenhausschule der pietistischen Francke-Stiftung, später dann an der Universität, wo er von 1760 bis 1763 Protestantische Theologie, Philosophie und die „schönen Wissenschaften" studierte. Begeistert las er die neuesten Schriften von Jean-Jacques Rousseau, Edmund Burke, Immanuel Kant und Georg Friedrich Meier, wobei ihn der Zusammenhang zwischen Ethik und Ästhetik, dem moralischen und dem sinnlichen Gefühl besonders interessierte. Wie hängen die Ansichten der äußeren Natur mit den Empfindungen der menschlichen Natur zusammen? Vor allem von Burke und Kant ließ er sich über die unterschiedlichen

---

1   Christian Cay Lorenz Hirschfeld: Theorie der Gartenkunst. Leipzig 1779-1785 (4. Nachdruck der Ausgabe. Fünf Bände in zwei Bänden. Hildesheim und New York 2003), S. 125.

2   C. C. L. Hirschfeld: Anmerkungen über die Landhäuser und die Gartenkunst. Leipzig 1773, S. 4

3   Ebd., S. 3

4   Vgl. Wolfgang Kehn: Christian Cay Lorenz Hirschfeld. 1742-1792. Eine Biographie. Worms 1992

Abb. 2: Die Plane mit dem Denkmal
für Lehrers Heinrich Julius Bruns
(1746-1794) im Reckahner Gutspark.
Foto: Rochow-Museum.

Gefühle des Schönen und Erhabenen aufklären, die auch durch die mannigfaltigen Gestalten des Wassers erzeugt werden können: ein wilder, wüster Ozean oder ein reißender Strom können erhabene Gefühle evozieren; „dagegen die Aussicht auf blumenreiche Wiesen, Täler mit schlängelnden Bächen, bedeckt von weidenden Herden (...) veranlassen auch eine angenehme Empfindung, die fröhlich und lächelnd ist."[5] So konnte Hirschfeld es bei Kant lesen und ihm wurde klar, dass die lebhafte Empfindung des Schönen, die sich durch glänzende Heiterkeit in den Augen und durch Züge des stillen Lächelns ankündigt, durch die künstlerische Gestaltung von Gärten und Landschaften besonders gut hervorgerufen werden kann.

Theologisch ausgebildet, ästhetisch gebildet und moralisch integer wurde Hirschfeld 1764 als Hauslehrer, Seelsorger und Sekretär der beiden Prinzen des kleinen gottorfischen Holstein angestellt. Doch seine Hoffnungen auf eine erfolgreiche Erziehungsarbeit im Geist der Aufklärung erfüllten sich nicht. Seine erste berufliche Tätigkeit endete mit einer moralischen und finanziellen Katastrophe. Es geschah während einer Bildungsreise in die Schweiz, die der junge Erzieher mit seinen beiden Zöglingen unternahm. Hirschfeld war von Land und Leuten begeistert. Die republikanische Gesinnung der Schweizer Bürger entsprach seinen politischen Ideen; und die Schönheit und Erhabenheit der alpinen Landschaft war überwältigender und beglückender als alles, was er bisher gesehen hatte. Vielleicht hat Hirschfeld auch die beiden Prinzen an dieser politischen und ästhetischen Begeisterung teilnehmen lassen. Jedenfalls wurde ihm bald vorgeworfen, nur an Vergnügungen interessiert und auch in religiöser Hinsicht unzuverlässig zu sein. Am 1. Juli 1767 wurde er entlassen und stand nun als mittelloser Theologe da.

Er versuchte sich zu rechtfertigen. Schließlich habe er für Müßiggang und Ausschweifungen keine Zeit gehabt, sondern in seiner Freizeit als Schriftsteller

gearbeitet. Sein erstes literarisches Werk, „Das Landleben", sei im Frühjahr 1767 erschienen und im „Hamburgischen unparteyischen Correspondenten"[6] ausführlich und wohlwollend rezensiert worden. Es handelte sich bei diesem Schweizer „Landleben" um ein ästhetisch-moralisches Landschaftsgemälde, beseelt durch den schwärmerischen Wunsch, „auf dem Lande der Natur gemäß zu leben, den Geist in einer beständigen Heiterkeit zu beschäftigen und unsere Empfindungen einander mitzuteilen."[7] Besonders durch die strenge Opposition zum Stadtleben wurde das Landleben entschieden aufgewertet. Denn die Stadt war für Hirschfeld vor allem ein von Mauern umgebener Ort unruhiger Betriebsamkeit und sinnloser sinnlicher Zerstreuungen, des Lärms und des Qualms, menschenvoller Gassen und pöbelhaften Geredes. Dagegen glaubte er in der Natur den göttlichen Schöpfer selbst sehen und fühlen zu können. Er folgte der physiko-theologischen Einsicht, dass die Natur ein göttliches Meisterstück sei, das vorbildlich zu einer moralischen Bildung und Steigerung unserer menschlichen Lebensform dienen könne. „Die sinnlichen Ergötzungen über das Schöne der Natur müssen, der Würde des Menschen gemäß, erhöht und moralisch gemacht werden."[8]

2. Professor der Philosophie und der schönen Wissenschaften

Als er entlassen wurde, stand Hirschfeld vor dem Nichts. Er beschloss, dem Weg zu folgen, den er mit seinem „Landleben" beschritten hatte. Er ging nach Leipzig, wo er seine Studien der schönen Künste und der Philosophie vertiefte. Mit einigen moralphilosophischen Schriften gelang es ihm, das Vertrauen seines holsteinischen Landesfürsten zurückzugewinnen. So kam es, dass Hirschfeld 1769 an der Kieler Universität als Sekretär angestellt wurde. Bald darauf wurde er dort zum „Professor der Philosophie und der schönen Wissenschaften" ernannt. Bildhauerkunst, Malerei, Musik, Baukunst, Poesie und die Geschichte der Philosophie gehörten zu seinen Lehr- und Forschungsgebieten. Doch das Naturerlebnis in der Schweiz ließ

---

5 Immanuel Kant: Beobachtungen über das Gefühl des Schönen und Erhabenen. In: Werke in sechs Bänden. Herausgegeben von Wilhelm Weischedel. Band I. Wiesbaden 1960, S. 826. Kant konnte dabei auf Edmund Burkes 1756 publizierte Untersuchung zurückgreifen: A Philosophical Enquiry into the Origin of Our Ideas of the Sublime and the Beautiful.

6 Vgl. W. Kehn: Christian Cay Lorenz Hirschfeld, wie Anm. 4, S. 40
7 C.C.L. Hirschfeld: Das Landleben (Erstausgabe Bern 1767). Leipzig 1771. Dritte, verbesserte Auflage, S. 25
8 Ebd., S. 58

ihn nicht los. Was er dort gesehen und erlebt hatte, schien schöner gewesen zu sein als alle Kunst, mit der er sich akademisch beschäftigte. Und so begann er seine „Anmerkungen über die Landhäuser und die Gartenkunst" zu Papier zu bringen, deren erste Ausgabe 1773 in Leipzig erschien. Die bukolische Szene, die zu Beginn dieses Aufsatzes nachgezeichnet worden ist, erinnerte an sein Schweizer Abenteuer. Es war nicht der ökonomische Nutzen der Landwirtschaft, der ihn interessierte. Auch der Hirte mit seiner grasenden Herde, der in dem tief unten dahinströmenden Fluss Fische zu fangen versuchte, lenkte seine Aufmerksamkeit nicht durch seine nützliche Arbeit auf sich.

Alles, was Hirschfeld sah und fühlte, gliederte sich ein in ein schönes Bild, das den Betrachter erheiterte und beglückte. Dabei spielte auch das Wasser eine wesentliche Rolle. Als flüssiges Element bot es die Möglichkeit vielfältiger Gestaltung, in Form von Seen und Flüssen, Kanälen und Bächen (siehe Abb. 2 und 3), wobei die Aufgabe der Landschaftsgärtner vor allem darin bestand, diese Mannigfaltigkeit nicht als Unordnung oder Chaos erscheinen zu lassen, sondern als harmonisch, ausgewogen, proportionierlich und natürlich. Und so konnte der Professor der schönen Künste zum Lauf des Wasser anmerken: „Weit mehr Anmuthiges hat der geschlängelte oder gekrümmte Lauf eines fließenden Wassers,

als ein in gerader Linie gezogener Graben, worin es verschlossen seinen einförmigen Weg zu nehmen gezwungen ist. Ein Bach hin und her an schickliche Stellen hingleitet, bald stärker fließend, bald sanft dahinschleichend, hier offen und hervorschimmernd, dort verlohren, hier flach, dort mit höhern Ufern von grünem Rasen oder mit überwölbendem Buschwerk bekleidet, bildet eine der angenehmsten Szenen, die wider Vermuthen nur selten in den Gärten gefunden wird." [9]

Die Bildung eines guten Geschmacks ist nötig, um die Gärten nach Grundsätzen zu gestalten, welche am Naturschönen aufgezeigt werden können. Also begann Hirschfeld seit Mitte der siebziger Jahre dafür zu kämpfen, dass auch die Kunst der Garten- und Landschaftsgestaltung in den Rang der „schönen Künste" erhoben wird, schien ihm die Schönheit doch in die Natur selbst eingebunden zu sein und von sich aus eine eigenständige ästhetische Disziplin zu fordern. Er sammelte umfangreiches literarisches, bildliches, biographisches, theoretisches und philosophisches Material aus ganz Europa, um es unter ästhetisch-moralischen Gesichtspunkten zu systematisieren. Was er nicht selbst sehen und erleben konnte, entnahm er zahlreichen zeitgenössischen Berichten über Reisen, sei es durch die nördlichen Provinzen von England

9   C.C.L. Hirschfeld: Anmerkungen über die Landhäuser und die Gartenkunst, wie Anm. 2, S. 122 f.

Abb. 3: Die Plane am Reckahner Gutspark
mit der im Jahr 2001 anläßlich des 650- jährigen
Bestehens von Reckahn durch die Firma
Edelstahlverarbeitung Wolfgang Dietz
gestifteten Brücke. Foto: Rochow-Museum

Abb. 4: „Eine Gegend". Kupferstich von Brandt.
Aus: Chr. C. L. Hirschfeld: Theorie der Gartenkunst. 1. Bd. Leipzig 1779, S. 153.

oder zu den Savoyischen Eisgebirgen, nach Island oder Italien. Das „Landleben" wurde zur „Gartenkunst" weiterentwickelt. [10]

3. Wasser in der Gartenkunst

Zwischen 1779 und 1785 erschienen die fünf Bände von Hirschfelds „Theorie der Gartenkunst". Es ging ihm dabei nicht um den botanischen oder ökonomischen Nutzen des praktischen Gartenbaus. Theoretisch wollte er erklären, worin die geschmackvolle Schönheit der Landschaftsgärten besteht, „auf denen der Mensch alle Vortheile des Landlebens, alle Annehmlichkeiten der Jahreszeiten mit Bequemlichkeit, mit Ruhe genießen kann."[11] Und praktisch empfahl und begründete er, wie durch die helfende Hand des Gartenkünstlers die ursprüngliche Schönheit der Natur so kultiviert werden kann, dass sie wie ein Kunstwerk den Betrachter erfreut. Angeregt vor allem durch die „natürlichen" englischen Landschaftsgärten, deren malerische Szenerien ihm allerdings zu wild waren, und kritisch gegenüber den barocken französischen Gärten, deren dekorative Proportionen ihm dagegen zu „künstlich" waren, schlug Hirschfeld einen eigenen deutschen „Mittelweg"[12] vor, auf dem Natur und Kunst vermittelt werden können.

Bereits im Ersten Band seines gartenästhetischen Hauptwerks skizzierte Hirschfeld die verschiedenen Charaktere der Landschaften und ihre Wirkungen. Er beschrieb die einzelnen Teile einer Landschaft: ihre Höhenzüge und Ebenen, ihre Felsen, Hügel und Gebirge, ihre Wiesen und Wälder. Einen eigenen Abschnitt widmete er dem Wasser (siehe abgedruckter Quellentext), das ein ganz besonderes Vergnügen bereiten kann. Denn es ist „so belebend, so erfrischend und fruchtbar an Einwirkungen, daß seine Gegenwart überall gefällt, und seine Abwesenheit auch in den schönsten Gegenden mit Bedauern empfunden wird." [13] Hinsichtlich seiner Wirkungen auf den Betrachter orientierte er sich an den Beobachtungen Burkes und Kants über die Gefühle des Erhabenen und des Schönen. Die Größe und Tiefe der Gewässer galt ihm als „eine Quelle sehr erhabener Empfindungen."[14] Weite Ozeane, die sich ins Unendliche zu erstrecken scheinen, haben in dieser Hinsicht die größte Wirkung auf die menschliche Erlebnisfähigkeit und Einbildungskraft. Doch sie drohen durch ihre Einförmigkeit die Anschauung zu ermatten. Deshalb ist es bei einem größeren Gewässer, wenn es in der Gartenkunst eine Rolle spielen soll, abwechslungsreicher und angenehmer, wenn sein Ursprung und seine Grenzen verborgen sind und „wenn es in einen Wald oder in ein Gebüsch hinläuft, oder sich um einen Hügel herumschlängelt; die scheinbare Größe, die es dadurch gewinnt, giebt der Einbildungskraft noch immer Beschäftigung, wenn auch das Auge

10 Vgl. Michael Breckwoldt: „Das Landleben" als Grundlage für eine Gartentheorie. Eine literaturkritische Analyse der Schriften von Christian Cay Lorenz Hirschfeld. München 1995

11 C.C.L. Hirschfeld: Theorie der Gartenkunst, wie Anm. 1, Band I, S. 154. Zum kulturgeschichtlichen Stellenwert von Hirschfelds Hauptwerk vgl. Wolfgang Schepers: Hirschfelds Theorie der Gartenkunst: 1779-1785. Worms 1980

12 Vgl. C.C.L. Hirschfeld: Theorie der Gartenkunst, wie Anm. 1, Erster Band, S. 144

13 Ebd., S. 200

14 Ebd.

Abb. 5: Erdachte Brücke über ein Flüsschen von Brandt.
Aus: Chr. C. L. Hirschfeld: Theorie der Gartenkunst.
4. Bd. Leipzig 1782, S. 111.

nichts mehr siehet."[15] – Dagegen macht vor allem die Klarheit des Wassers seine vorzügliche Schönheit aus. Alle Dinge in seiner Umgebung nehmen die Munterkeit und Freude auf, die sich in ihm widerspiegeln (siehe Abb. 2, 3). „Der Widerschein der Wolken, der Bäume, der Gesträuche, der Hügel und der Gebäude macht eine der lieblichsten Stellen im Gemälde der Landschaft aus."[16] (Abb. 4) Einen noch größeren Reichtum schöner Wirkungen bieten die vielfältigen Bewegungen des Wassers, vom Geriesel eines munter über Steine springenden Bachs über das langsame Dahinfließen eines Flusses bis zur gewaltigen Stärke eines Stroms, dessen Wirkung sich dem Gefühl des Erhabenen annähert.

Seine kleine Skizze des Wassers hat Hirschfeld im Zweiten Band seiner „Theorie der Gartenkunst" systematisch entfaltet.[17] Die Natur des Wassers manifestiert sich dem Beobachter in verschiedenen Gestalten und Charakteren. Sie zeigt sich stehend wie im Falle von Meer, Landsee, Teich und Wasserstück; laufend wie bei Bach, Fluss und Strom; oder fallend in Gestalt von Wasserguss, Wasserfall und stürzendem Katarakt. Anschaulich führte Hirschfeld dem Leser die Schönheiten und vorteilhaften Wirkungen des Wassers vor Augen, wobei er auch auf Beschreibungen anderer Autoren zurückgriff. Detailliert zeichnete er lebendige Bilder mannigfaltiger Wasserformen, stets die natürliche Schönheit mit ihrer künstlerischen Gestaltung verbindend.

Hirschfelds ästhetische Urteilskraft blieb dabei nicht für sich abgegrenzt. Geschmacksbildung sollte mit humaner Menschenbildung zusammengehen, das Schöne mit dem Guten; und manchmal hat man den Eindruck, dass der Theoretiker der Gartenkunst auch als praktischer Erzieher sprach, wenn er zum Beispiel über die vielfältigen Formen und Wirkungen des Wassers bemerkte, dass dieses Element trotz seiner Eigenwilligkeit der „Macht des Menschen" gehorcht. „Er kann es leiten und bilden, wie er will. Er kann ihm Ruhe oder Bewegung geben, Ausdehnung oder Einschränkung."[18] Und wie der junge Magister Hirschfeld einst seine Zöglinge zu freien Menschen mit einem reinen sittlichen Charakter erziehen wollte, so schrieb der Professor der schönen Künste nun dem Wasser gleichsam menschliche Eigenschaften und Lebensformen zu. Er lehnte den einförmigen Weg ab, dem das Wasser in gerade gezogener Linie zu folgen gezwungen ist. Und dass es in so mannigfaltigen Gestalten ein schönes Gefühl im Menschen erzeugen kann, führte er auf die Freiheit und Reinheit zurück, die der Gartenkünstler ihm leitend und bildend geben kann. „Auch ohne auf seine verschiedenen interessanten Wirkungen zu sehen, gefällt es überall; man erfreut sich, wo man es erblickt, wenn es nur rein und frey ist; Leben und Erfrischung fließen mit ihm daher."[18]

---

15 Ebd.
16 „Vom Wasser" handelt der Fünfte Abschnitt des Zweiten Bandes von Hirschfelds „Theorie der Gartenkunst". Ebd., S. 85-129
17 Ebd, S. 125

18 Ebd.

8.

Waſſer.

Das Waſſer iſt in der Landſchaft, was die Spiegel in einem Gebäude ſind, was das Auge an dem menſchlichen Körper iſt. Es iſt, die Vergnügungen der Fahrt und des Fiſchfangs nicht einmal gerechnet, ſo belebend, ſo erfriſchend und fruchtbar an Einwirkungen, daß ſeine Gegenwart überall gefällt, und ſeine Abweſenheit auch in den ſchönſten Gegenden mit Bedauren empfunden wird. Schon in der Ferne reizt ein Gewäſſer; und nach ſeiner Größe, Geſtalt und Bewegung iſt es nicht allein mannigfaltiger Eindrücke voll, ſondern es nimmt auch verſchiedene vortheilhafte Verbindungen mit andern Gegenſtänden an.

Die Ausdehnung und Tiefe des Gewäſſers iſt eine Quelle ſehr erhabener Empfindungen. Ein plötzlicher Anblick weiter Maſſen von Waſſer, als des Meeres, wirket eine ſtarke Ueberraſchung; und bey der allmähligen Ueberraſchung dieſer ungeheuern Scene verliert ſich die Einbildungskraft in die Vorſtellung der Unendlichkeit. Allein ſo ſtark auch die Bewegungen ſind, die durch das Anſchauen des Meeres entſpringen, ſo ermatten ſie doch bald wieder durch das Einförmige, wenn die Einbildungskraft nicht durch Schiffe und Fahrzeuge, deren Umherſegeln die Scene belebt, erfriſcht wird. Am längſten unterhalten ausgebreitete Gewäſſer, wenn ſie nicht auf einmal und in ihrer ganzen Strecke, ſondern nach und nach, theilweiſe und in immer abwechſelnden Geſichtspunkten und Durchſchnitten erblickt werden; eine Bemerkung, wovon für unſre Gärten an der Oſtſee noch wenig Gebrauch gemacht iſt. Auch kleine zerſtreute Inſeln von verſchiedener Form unterbrechen die Einförmigkeit breiter Waſſerflächen auf eine angenehme Art; wenn ſie in merklichen Entfernungen von einander liegen, geben ſie einem See ein größeres Anſehen. Hohe Küſten, Felsſpitzen, Vorgebirge, die auf irgend einer Seite in nicht zu weiter Ferne geſehen werden, ſind eine ſehr anmuthige Begränzung. — Bey größerm Gewäſſer iſt es angenehmer, wenn ſein Urſprung und ſeine Gränze verſteckt iſt, wenn es an einen Wald oder in ein Gebüſch hinläuft, oder ſich um einen Hügel herumſchlängelt; die ſcheinbare Größe, die es dadurch gewinnt, giebt der Einbildungskraft noch immer Beſchäftigung, wenn auch das Auge nichts mehr ſiehet.

Die Klarheit des Waſſers macht ſeine vorzügliche Schönheit aus, und theilet allen Gegenſtänden umher Munterkeit und Freude mit. Der Widerſchein der Wolken, der Bäume, der Geſträuche, der Hügel und der Gebäude macht eine der lieblichſten Stellen im Gemälde der Landſchaft aus. Die Dunkelheit hingegen, die auf Teichen und andern ſtillſtehenden Gewäſſern ruhet, verbreitet Melancholie und Traurigkeit. Ein tiefes ſchweigendes, von Schilf und überhangendem Geſträuch verdunkeltes Waſſer, das ſelbſt das Licht der Sonne nicht erhellt, ſchickt ſich ſehr wohl für Sitze, die dieſen Empfindungen gewidmet ſind, für Einſiedeleyen, für Urnen und Denkmäler, welche die Freundſchaft abgeſchiedenen Geiſtern heiligt.

Von den verschiedenen Charakteren der Landschaft und ihren
Wirkungen: Wasser. Aus: Chr. C. L. Hirschfeld:
Theorie der Gartenkunst. 1. Bd. Leipzig 1779, S. 200-202.

Die Bewegung des Wassers hat einen noch größern Reichthum von Wirkungen. Verbreitet es sich still in einer weiten und offenen Fläche, so kündigt es eine Scene an, die der Ruhe gewidmet ist. Schleicht es unter einer Ueberschattung langsam dahin, so hat es das Ansehen des Ernstes und des Trübsinns. Tiefdumpfes verschlossenes Gemurmel ist der Ton der Schwermuth und Trauer. Sanftes Geräusch ladet zum Nachdenken ein, und schickt sich für Scenen der Einsamkeit. Helles Rieseln und spielendes Gekräusel verbreiten Munterkeit; schneller Lauf und hüpfende Fälle Freude. Reißende Geschwindigkeit und schäumendes Fortjagen erregen den Begriff von Stärke. Ströme, die in tiefe dunkle Abgründe hinabbrausen, oder sich von Felsen und Gebirgen aus dem Gebiete der Wolken herabstürzen, geben überaus prächtige Auftritte, die nahe mit dem Erhabenen verwandt sind. Die Gewalt, das Getöse, das wilde Gebrüll großer Flüsse und Wasserfälle, die sich umherwälzenden schäumenden Wellen, die getrübte Luft umher, der Wiederhall von den Felsen, vereinigen sich, erhabne Empfindungen zu erwecken, die zuweilen an das Schreckhafte gränzen.

In der Verbindung mit andern Gegenständen ist das Wasser nicht weniger von einer mannigfaltigen glücklichen Wirkung. Es heitert den Schatten auf, und verwandelt die Einöde in ein Lustrevier. Es kann die Wildniß rauher Felsen und Gebirge vermehren, aber auch Heiterkeit und Reiz über sie ausgießen. Tiefe stehende Teiche machen einen Wald dunkler und trauriger; aber klare Bäche, die hin und her rieseln und sich kräuselnd verfolgen, beleben und erheitern ihn. Welch eine liebliche Malerey in der Landschaft, wenn an den Krümmungen eines großen und hellen Baches kleine Baumgruppen, bald dichter, bald dünner, sich erheben, mit einzelnen Bäumen aufhören, und wieder mit neuen Klumpen anfangen, wo Schatten und Stille herrscht; wenn dann das Wasser hier unter den grünen Wölbungen des Laubwerks oder zwischen den Stämmen durchschimmert, dort in der Klarheit einer breiten Masse scheint, bald sich hinter einem Gebüsch oder einem kleinen Hügel verliert, bald lachender wieder hervorbricht! Und welche Anmuthigkeit gewinnt nicht noch ein sanfterhobener Hügel, bekränzt mit Gebüsch oder einigen wohlgewachsenen Bäumen, die ihr neues Laub in die bläuliche Luft erheben, wenn an seinem Abhange herab ein kleiner Wasserfall bald sichtbar, bald vom Gesträuch versteckt, bald weniger, bald mehr geschwätzig, herunterhüpft, dann zwischen Kieselsteinen ruhiger, dann schneller nach Feldblümchen in die nahe Wiese eilt, und da erreicht vom Stral der Abendsonne verschönert dahinschimmert! Den schönsten Anblick gewährt das Wasser von einer Anhöhe betrachtet, wenn es bald in lieblichen Krümmungen um ein Gehügel, ein Gehölz, ein Gebüsch oder kleine Inseln, oder Dorfschaften und Meyerhöfe seinen silbernen Strom schlängelt, bald von den Seiten eines herabhangenden Berges, von schattenvollen Gruppen von Bäumen, oder von einem Hain verdeckt hier in einer dunkeln Tiefe schleicht, dort durch unerwartete Oeffnungen der Waldung blendend hervorstralt: eine solche Scene in ihrer reichen Mannigfaltigkeit, mit allen Spielen der Wiederscheine, mit allen Schönheiten der Beleuchtung und der Beschattung, von einer Anhöhe genossen, giebt Empfindungen, die alle Beschreibung übersteigen.

Es ist fast keine Scene, deren Eindruck nicht durch Wasser erhöhet oder gemildert, keine Bewegung, die nicht dadurch erweckt, oder unterdrückt, oder besänftigt werden sollte; so allgemein ist die Kraft dieses Elements.

Das *schattenplastische Relief* zum Gebiet des Flüsschens Plane zeigt in Farbabstufungen die Höhendifferenzierung von seinem Quellgebiet im Fläming bis zur Mündung in den Breitlingsee.

Farblich lassen sich nicht nur die geomorphologischen Haupteinheiten des Altmoränengebiets Fläming und des Baruther Urstromtals sowie die als ,Platten' bezeichneten Hochflächen in deren Berandung (siehe Abb. 2 und 5) unterscheiden, sondern sichtbar werden auch die Spuren menschlichen Tuns, wodurch die Natur- in eine Kulturlandschaft gewandelt wurde.

Lizenzgeber Geobasisdaten: © GeoBasis-DE/Landesvermessung uns Geobasisinformation Brandenburg 2015

VON WERNER STACKEBRANDT & ANNE STACKEBRANDT

Das Baruther Urstromtal und seine kleine Schwester: Die Plane

Landschaft verändert sich

Norddeutschland gilt als ein vorzügliches Beispiel für die glaziale Landschaftsgestaltung. Verantwortlich dafür waren die aus Skandinavien vorrückenden Gletscher der Kaltzeiten. Und tatsächlich existieren mit den Hinterlassenschaften dieser mehrfach unser Gebiet überziehenden Eismassen zahlreiche morphologische Beweise für die Gestaltungskraft des Eises: Die direktesten Zeugnisse sind die Endmoränen, die sich häufig in Form einer über viele Kilometer zu verfolgenden Hügelkette studieren lassen. Sie gehören zu der typischen Abfolge für glaziale Sedimente, die häufig auch als *glaziale Serie* bezeichnet wird und die aus: Grundmoräne – Endmoräne – Sander – Urstromtal besteht.

Wichtige genetische Signale existieren auch im tiefen Untergrund Norddeutschlands: Hier markieren fast grundlose Rinnen, die über 500 m tief werden können (!), die erosive Wirkung des Eises auf den Untergrund. Diese Rinnen blieben nicht als offene Schluchten nach dem Eisrückgang zurück, sondern wurden auch gleich wieder mit Sedimenten aufgefüllt. Schaut man sich diese Rinnen etwas genauer an, dann wird schnell klar, dass an ihrer Bildung nicht nur das Eis beteiligt war, sondern sie auch das Produkt der Wirkung von Schmelzwasser sind. Wir kommen auf dieses spannende Geschehen noch zurück.

Häufig wird übersehen, dass sich auch während der sogenannten eigentlichen Kaltzeiten große Mengen frei fließendes Wasser von der Eiskappe in das Vorland ergossen. Auch während der Kaltzeiten gab es sommerliche Temperaturen, die den Eispanzer oberflächlich anschmelzen ließen und – soweit es nicht in Spalten versickerte – zur Bildung von Schmelzwasserbächen führte, die dem Vorland zustrebten und sich dort in breiten Tälern sammelten. Aktuell kann man dieses oberflächliche Tauen in den bestehenden Eisschilden (Antarktika) bis in Höhen von ca. 1 000 m erleben. Darüber bleibt es auch im Sommer meist zu kalt. Hinzu kommt, dass der von Norden angerückte Eispanzer für die Flüsse aus den eisfreien südlicheren Teilen Mitteleuropas eine unüberwindbare Barriere darstellte und zu erheblichen Änderungen im Abflussregime führen musste. Als zentraler Abflussbereich bildeten sich breite Täler im Vorfeld des Eises heraus, die sowohl die Schmelzwässer aus dem eisüberdeckten Norden, als auch die ‚normalen‘ Flüsse aufnahmen, die ihr Wasser aus den südlicher und östlicher gelegenen Gebieten Mitteleuropas aufnahmen. Nicht nur die Elbe, sondern auch die weiter östlich gelegenen Flüsse, wie Spree, Oder und Weichsel, wurden umgelenkt und das Wasser insgesamt zur Urnordsee abgeführt. Diese alten Abflussbahnen haben nicht umsonst den fast mystischen Namen Urstromtäler erhalten. Sie ziehen sich auch heute noch morphologisch gut sichtbar mit SE-NW-Verlauf quer durch Norddeutschland und streben der Nordsee zu. Abb. 1 (folgende Seite) zeigt die Lage der Urstromtäler in Brandenburg. Die Urstromtäler erlebten jeweils eine nur kurz während Blütezeit: Je nach Lage des Außenrandes des Eispanzers verlagerten auch sie ihren Verlauf. So lässt sich mit ihrer zeitlichen Aufeinanderfolge von Süd nach Nord auch das Rückschmelzen des Inlandeises seit seiner maximalen Verbreitung nachzeichnen.

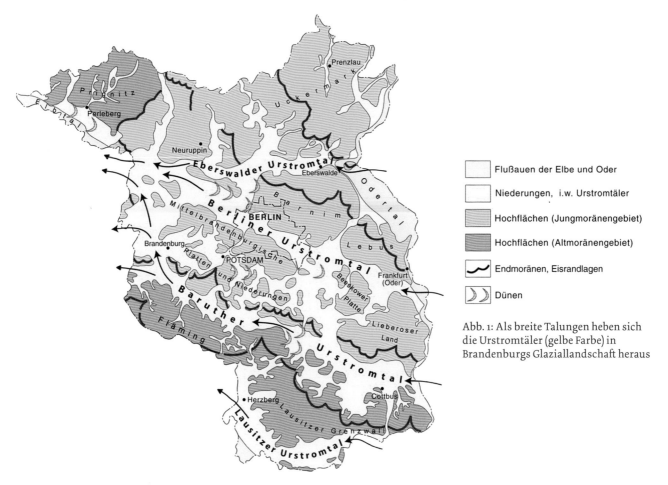

Flußauen der Elbe und Oder

Niederungen, i.w. Urstromtäler

Hochflächen (Jungmoränengebiet)

Hochflächen (Altmoränengebiet)

Endmoränen, Eisrandlagen

Dünen

Abb. 1: Als breite Talungen heben sich die Urstromtäler (gelbe Farbe) in Brandenburgs Glaziallandschaft heraus

Abb. 2: Das Baruther Urstromtal erstreckt sich zwischen dem Altmoränengebiet des Flämings und dem Eisschild des Brandenburger Stadiums der Weichselvereisung; in Westbrandenburg biegt es in einen Nordwestverlauf um. Kartenausschnitt aus GK 100, Blatt Potsdam-Mittelmark, N. Hermsdorf (2005)

Gliederung		Differenzierung in Norddeutschland	Beginn vor (in Jahren)	Bemerkung
Quartär	Holozän	Holozän-Warmzeit	11 600	die gegenwärtige Warmzeit; der Mensch gestaltet zunehmend die Landschaft
	Pleistozän	Weichsel-Kaltzeit	115 000	die bisher letzte Kaltzeit, das nordische Eis erreicht mit dem Brandenburger Stadium das Baruther Urstromtal
		Eem-Warmzeit	127 000	auch wärmer als heute
		Saale-Kaltzeit (-Komplex)	304 000	Zwei große Eisvorstöße, der Fläming entsteht als Endmoränenlandschaft
		Holstein-Warmzeit	320 000	wärmer als heute
		Elster-Kaltzeit	400 000	weitreichendste quartäre Vereisung, höchste Eismächtigkeit, legte tiefe Rinnen an
	Ältere pleistozäne Bildungen bisher in Brandenburg nicht eindeutig zuzuordnen			

Die Kalt- und Warmzeiten in Norddeutschland/Brandenburg (Zeitangaben aus: Atlas zur Geologie von Brandenburg, 2010)

Norddeutschland war mehrfach vereist. Die jüngste Vergletscherung erhielt ihren Namen nach dem Fluss Weichsel als Weichselvereisung. Davor gab es schon die Elster-und die Saale-Kaltzeiten (siehe Tab. 1).

Die zwischengeschalteten Warmzeiten waren teilweise wärmer als heute. Die aktuelle Warmzeit wird Holozän genannt. Dieses begann vor ca. 12 000 Jahren. Seit dieser Zeit blieben die Temperaturen zwar nicht homogen, aber generell deutlich wärmer als in der vorhergehenden Weichselkaltzeit. Alle Gebiete, die durch die Weichselkaltzeit direkt geprägt wurden, werden als Jungmoränengebiet bezeichnet und vom Altmoränengebiet (in der Karte mit dunklerem Braun gekennzeichnet) unterschieden. Das südlichste Urstromtal der Weichselkaltzeit ist das Baruther Urstromtal. Die weiter nördlich gelegenen Urstromtäler – das Berliner und das Eberswalder Urstromtal – bildeten sich später, nachdem der jeweilige Eisaußenrand bis dahin zurückgeschmolzen war und für einen längeren Zeitraum dort verharrte.

Neben diesen Haupt-Urstromtälern gab es noch tributäre, die auch bei schon zurückgezogenem Eisrand das Schmelzwasser noch in das ‚alte' Urstromtal führte, ehe es von dort wieder den gewohnten Weg in die Urnordsee aufnahm.

Da während den Kaltzeiten sehr viel Wasser in den großen polaren Eisschilden gebunden war, lag der globale Meeresspiegel während dieser Zeiten wesentlich tiefer als heute. Entsprechend länger gestaltete sich der Weg zum Meeresspiegel. Doch das ist eine andere Geschichte.

Reckahn – einst schmelzwasserumtost

Wer sich die Karte der Urstromtäler genauer anschaut, wird erkennen, dass das heutige Reckahn eine sehr feuchte Vergangenheit hatte: Während der Weichselkaltzeit suchten sich die Wässer des Baruther Urstromtals hier ihren Weg nach Nordwesten. Im Norden und Nordosten lag dagegen nur unweit entfernt der Außenrand des Inlandeisschildes, der während des so genannten Brandenburger Stadiums hier seine maximale Verbreitung, also seine südlichste Ausdehnung erreicht hatte. Vom Eisschild strömte das Schmelzwasser zu Tal und vereinigte sich mit den weiter östlich generierten Schmelzwässern bzw. den ‚eingefangenen' Flüssen zum berühmten Baruther Urstromtal, das seine Wassermassen dann weiter Richtung Westen durch das heutige Fiener-Bruch ins Elbtal führte. Zuerst lag Reckahn also noch im Eise versteckt. Aber dieser Eisaußenrand war nicht sehr lange stabil. Speziell sein westlichster Teil wurde durch die Gletscherströme nicht mehr aufgefüllt und taute demzufolge nieder. Dem nunmehr nach Norden zurückweichenden Inlandeis konnte in dieser zweiten Entwicklungsetappe auch das Baruther Urstromtal folgen und einen Richtungswechsel von WNW-ESE nach NW in Richtung des jetzigen Unteren Haveltals vornehmen. Von hier fand das Schmelzwasser dann wieder den Weg Richtung Unterelbe. Der Außenrand dieses Brandenburger Stadiums muss hier längere Zeit verweilt haben, sonst hätte sich das Urstromtal nicht so prächtig entwickeln können (siehe Abb. 2).

Weiter im Osten erreicht das Baruther Urstromtal mitunter Breiten von fast 20 km; je nach vorgefundenem Relief kann es auch Einschnürungen geben, wie im

Abb. 3: Das Schmelzwasser des relativ kleinen Gletschers im westlichen Spitzbergen bildet ein ausgedehntes Areal aus verflochtenen Abflussarmen und lässt die Intensität der wesentlich wasserreicheren Urstromtäler der Kaltzeiten in Norddeutschland erahnen

Bereich zwischen dem Beelitzer Sander und dem Fläming oder bei der namengebenden Stadt Baruth/Mark. Die stattliche Breite der Urstromtäler resultierte aus dem hohen Wasseranfall während der Sommermonate, wenn der Schmelzwasseranfall erheblich anschwoll. So konnten im Bedarfsfall auch größere Wassermassen abgeführt werden. Steilwandige Übergänge von den Urstromtälern zu den begrenzenden ‚Hoch‘flächen zeigen darüber hinaus die erosive Wirkung der Schmelzwässer. Solche fossilen Kliffe lassen sich häufig in Brandenburg finden, so auch östlich von Reckahn, im Übergang vom Urstromtal zum Rotscherlinder Plateau, das auch als Rotscherlinder Zauchehochfläche bezeichnet wird. Das Rotscherlinder Plateau bildet eine dieser glazigenen Hochflächen; es begrenzt das jüngere Baruther Urstromtal hier an seiner Nordostseite, derweil es im Westen durch die Karower Hochfläche begrenzt wird. Während der früheren Phase des Baruther Urstromtals verlief dieses südlich der Karower Hochfläche entlang. Der jüngere nördliche Abfluss zwischen den beiden Hochflächen hindurch war noch vom Eis blockiert. Für sein schnelles Rücktauen könnte auch der hohe Schmelzwasserfluss verantwortlich sein, der durch den Malenziner Sander angezeigt ist. Unterschneidungen an der Südflanke dieses nur wenige km westlich von Reckahn gelegenen Sanders belegen den phasenhaft anschwellenden Abfluss des Baruther Urstromtals, ehe es dann endgültig nach Nordnordwesten durchbrechen konnte. Neuere Untersuchungen haben gezeigt, dass sich insgesamt vier Abflussphasen im Baruther Urstromtal unterscheiden lassen (O. Juschus, 2001).

Das Gutshaus Reckahn liegt mitsamt dem Ort fast vollständig in diesem sekundären, jüngeren Urstromtal. Während der Sommermonate des Brandenburger Stadiums war dieser Standort extrem schmelzwasserumtost. In zahlreichen Armen, die sich über die gesamte Breite des Urstromtals verteilten, strebte das durch die sogenannte Gletschertrübe grünlichgrau gefärbte Schmelzwasser weiter Richtung Nordwest, dem noch größeren Unterelbe-Urstromtal und schließlich der Urnordsee zu. Nur wenige km östlich vom heutigen Gutshaus lag das Steilufer. Dieses ist als fossiles Kliff zum Rotscherlinder Plateau – wie auch weiter südlich im Bereich zwischen Krahne und Oberjünne sowie gegenüberliegend die Unterscheidungskante des Malenziner Sanders – noch gut sichtbar. Jedoch haben Material-Abspülungen in Richtung Urstromtal und teils damit einher gehende Einschneidungen durch kleine Tälchen in die Hochfläche das primäre Relief im Laufe der Zeit verfälscht und ausgeglichen. Wie es hier früher, während des Brandenburger Stadiums der Weichselkaltzeit aussah, lassen die Abb. 3 und 4 erahnen.

Das Studium von Vergleichsobjekten mit ähnlichen geologischen Bildungsbedingungen wie in vergangenen Erdzeiträumen ist eine sehr bewährte Arbeitsmethode der Geowissenschaftler. Dies gilt nicht nur für die Vergleichsstudien zu den landschaftsgenetischen Prozessen während der Kaltzeiten, die man in gegenwärtig vergletscherten Gebieten durchführt, sondern generell. So sind auch die im Untergrund von Brandenburg verborgenen vulkanischen und marinen Gesteine viel besser zu verstehen, wenn man konkrete Anschauungsobjekte für deren aktuelle Bildung studieren kann. Doch uns interessiert hier natürlich der weitere Werdegang der Landschaft um Reckahn.

Abb. 4: Westlicher Außenrand des Grönländischen Eisschildes – ein Anschauungsobjekt für den Außenbereich des brandenburgischen Eisvorstosses vor ca. 23 000 Jahren

Was geschah, als die Gletscher weiter zurück schmolzen und sie sich neue, weiter nördlich gelegene Abflussbahnen schufen? Hierzu schauen wir als erstes auf das Substrat: die Schmelzwässer haben den sprichwörtlichen *märkischen Sand* herangeschafft und hinterlassen. Während auf den glazigenen Hochflächen Mergel (der so genannte Geschiebemergel, weil er auch noch zahlreiche *Geschiebe* = vom Eis mitgeführte Steine enthält) eine wichtige Rolle spielt, sind in den Urstromtälern alle feineren Materialien (Silt und Ton) vom Wasser weggeführt worden. Und was sich noch in Stillwasserbereiche hat retten können, verblies der Wind in alle Richtungen.

‚In alle Richtungen' muss dabei jedoch etwas eingeschränkt werden, weil ein so mächtiger Eisschild auch auf die Verteilung von Hoch- und Tiefdruckgürteln und die Entstehung der katabatischen Winde (Fallwinde) Einfluss genommen haben wird, ähnlich, wie das heute auf und am antarktischen Eisschild sowie in Grönland passiert und dort Vorzugswindrichtungen erzeugen. Die während dieser Zeit entstandenen Dünen bestätigen dies. Der Wind hat den in den Urstromtälern reichlich vorhandenen Sand aufnehmen und zu eindrucksvollen Dünenlandschaften formen können. Diese Dünen konnten erst entstehen, nachdem sich das

Wasser zurückgezogen hatte und der Sand noch nicht durch eine sich allmählich entwickelnde Pflanzendecke befestigt resp. geschützt war.

Die Hauptphase der Dünenbildung erstreckte sich also auf die Spätphase der Weichselkaltzeit und den Beginn der aktuellen Warmzeit, dem Holozän. Solche Dünenlandschaften schmücken das Baruther Urstromtal an verschiedenen Stellen. Besonders eindrucksvoll sind sie weiter im Osten, um Horstwalde entwickelt, aber auch nordwestlich von Reckahn, bei Golzow und in der Gemeinde Planebruch sind sie zu finden. In den Ritsche-Bergen in der Gemeinde Planebruch erreichen sie auch hier Höhen bis 20 m. Die Dünen bestätigen mit ihrer Form und Ausrichtung eine Vorzugsorientierung der Winde von West nach Ost. Wer einmal durch den *Parabeldünenkomplex bei Horstwalde* gewandert ist, wird diesen eindrucksvollen Beleg für die Hauptorientierung und die Kraft dieses Windes nie wieder vergessen.

Ablagerungen des Windes finden wir auch weiter im Süden, im Fläming. Der Fläming ist nicht nur die südliche Berandung des Baruther Urstromtals, sondern ein markanter Bestandteil des sich südlich des Urstromtals

---

1 Angaben zur Plane und Elbe aus Wikipedia

	Die Plane	Das Baruther Urstromtal
Länge	knapp 60 km, von Fläming-Hochfläche zum Breitlingsee	ca. 1 000 km (von Glogau/Glogow (PL) bis zur Mündung in die Urnordsee)
Breite	wenige Meter	5 – 25 km
Alter	jung, noch sehr aktiv	alt, Hochphase vor 20 000 Jahren
Abfluss-menge	gering; Mittlerer Abfluss (MQ) 1,47 m³/sec. (Pegel Golzow)[1]	sehr hoch; starke jahreszeitliche und längerperiodische Schwankungen; zum Vergleich: Elbe aktuell: 870 m³/sec.
Besonder-heit	naturnaher Bach im Fläming, Forellen-gewässer; Schüttungskegel am Fläming-Austritt, Bifurkation: Kleine Plane zum Nuthe-Einzugsgebiet; im Unterlauf starke meliorative Eingriffe einschließ-lich Laufverlegung	Mehrere Aktivitätsphasen (vier) in Abhängigkeit von der Konturierung des Eisaußenrandes der Weichselver-eisung; nicht nur Aufnahme des Schmelzwassers vom Inlandeis des Brandenburger Stadiums der Weichsel-vereisung, sondern auch der ‚normalen‘ Flüsse aus dem nicht vergletscherten Vorland

Tab. 2: Die Plane und das Baruther Urstromtal –
ein gewagter Vergleich

erstreckenden Altmoränengebietes. Er ist also auch
eine Eiszeitlandschaft, die jedoch schon während einer
älteren Kaltzeit entstand und seine Hauptprägung
während des jüngeren Stadiums der Saale-Kaltzeit
(Warthe) erfuhr. Sowohl während der Saale-Kaltzeit,
als auch während der noch davor befindlichen Elsterkaltzeit reichten die Eismassen noch wesentlich weiter
Richtung Süden, als während des Brandenburger Stadiums der Weichselkaltzeit. Wegen seiner morphologisch
herausragenden Rolle wird der Fläming auch als Südlicher Landrücken bezeichnet und ließ sogar die falschen
Vorstellungen entstehen, dass es sich bei ihm um ein
kleines Gebirge mit einem Festgesteinskern handelt,
sprießen. Aber eindrucksvoll ist er auch als Glaziallandschaft. In seiner Massigkeit kündet er von der Kraft
der Gletscher der Saale-Kaltzeit. Der frühere landschaftliche Formenreichtum ist zwar einem ausgeglicheneren
Relief gewichen, doch mit den Rummeln entstanden
auch wieder neue Formen.

Aber es gibt noch weitere jüngere Zeugnisse: Nur einige
km breit, aber mit erheblicher Längserstreckung (fast
70 km lang) ist auf dem Fläming eine Sandlößdecke
zu finden, die ebenfalls auf den Einfluss kontinuierlich wehender Winde zurückzuführen ist. Anders als
die eigentlichen eiszeitlichen Sedimente des Flämings
gehören diese Bildungen jedoch in die Weichselkaltzeit.
Als so genannte periglaziäre Bildungen (periglaziär:
peri = um, herum) haben sie sich im Vorland des weich-
seleiszeitlichen Inlandeises gebildet. Und noch etwas
Sichtbares hat der kontinuierlich wehende Wind hinterlassen: die Windkanten. Wie ein Sandstrahlgebläse
hat er auch die härtesten Gesteine beschliffen und so
die Windkanten angelegt.

Die kleine Schwester

Der Fläming interessiert uns jedoch auch aus einem
anderen Grund: Er ist die Heimat der Plane, die als
munteres Flüsschen unmittelbar am Reckahner Herrenhaus vorbei nach Norden strebt, aber das Urstromtal
auch nicht ansatzweise auszufüllen vermag. Sie kann
daher nur die kleine Schwester des ehemals gewaltigen
Schmelzwasserstroms sein. Doch immerhin! Ihr Quellgebiet befindet sich auf der Nordflanke des Flämings in
einer Höhe von ca. 105 m NN nahe der Ortschaft Raben.
Bei ihrem Austritt aus dem Fläming (ca. 50 m NN) hat
sie einen Schwemmkegel aufgebaut, der stolze 5 km
Breite erreicht und Platz für mehrere Siedlungen bot,
von denen Brück die größte ist. Die Nutzung dieses
Schwemmfächers für die frühe Besiedlung der Region
deutet schon darauf hin, dass sich im Urstromtal wäh-
rend des Holozäns, der aktuellen Warmzeit, wieder ein
hoher Grundwasserstand eingestellt hatte. Mit dem Ver-
lassen des Fläming wechselt auch die Fließrichtung der
Plane von SSW-NNE in die des Baruther Urstromtals.
Hier durchfließt die Plane die Belziger Landschafts-
wiesen, wendet sich dem Ort Golzow zu, passiert
Krahne westlich und folgt dann dem jüngeren Ast des
Urstromtals in nördlicher Richtung. Nachdem sie den
Park des Herrenhauses Reckahn (siehe die Beiträge
Salge und Tosch) durchflossen hat, mündet sie schließ-
lich (seit dem 19. Jhd.) in den Breitlingsee, wo sie von der
Havel aufgenommen wird. Ursprünglich mündete die
Plane weiter östlich direkt in die Havel. Ihre mitgeführ-
ten Sedimente bildeten jedoch immer wieder Untiefen
und Sandbänke, die die Schifffahrt behinderten.

Auch schon vor den regulierenden Eingriffen durch den
Menschen hat die Plane mehrfach ihre Position innerhalb des Urstromtals verändert, wie man unschwer
auch an den Auensedimenten ablesen kann. Meliorati-
onsmaßnahmen (siehe Beitrag Schmitt) haben darüber
hinaus dafür gesorgt, dass die Plane in ihrem Unterlauf

Abb. 5: Der Verlauf der Plane vom Fläming
bis zur Mündung in den Breitlingsee

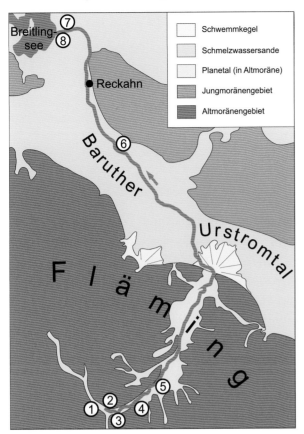

Abb. 6: Fotofolge 1-8. Verlauf der Plane.

Das Quellgebiet in der sumpfigen Feuchtwiese oberhalb von
Raben im Hohen Fläming

Mehrere kleine Gerinne sammeln sich zu einem Rinnsal

eher kanalisiert als naturnah erscheint. Den Verlauf
der Plane von ihrem Quellgebiet bis zur Mündung zeigt
Abb. 5 und die Fotofolge ❶-❽ (Abb. 6). Gefälle-bedingt
nimmt sie dabei relativ zügig Fahrt auf, nährt mit der
Bifurkation bei ihrem Austritt aus dem Fläming (hier
spaltet sich die dann nordostwärts fließende Kleine
Plane ab) auch das Einzugsgebiet der Nuthe, die das der
(Haupt-) Plane verloren gegangene Wasser aber ebenfalls der Havel zuführt. Im Havel-durchflossenen Breitlingsee setzt sich dann die gemeinsame Reise Richtung
Elbe und Nordsee fort.

Markanteste Punkte ihres Verlaufs sind nach ihrer
‚Geburt' unstrittig der Austritt aus dem Fläming in
das Baruther Urstromtal und ihre Mündung in den
Breitlingsee resp. in die Havel. Mit dem Verlassen des
Flämings reduziert sich abrupt die Fließgeschwindig-
keit der Plane. Das mitgeführte Material kann nicht
mehr im gleichen Umfang weitertransportiert werden
und bildet den oben schon erwähnten ausgedehnten
Schwemmkegel. Obwohl die Plane dann im Baruther
Urstromtal etwas gemächlicher dahinfließt, wird sie
mit Erreichen des Breitlingsees nochmals abrupt abge-
bremst. Auch hier kommt es zur Bildung von Sedimenten, die fingerartig in den Breitling vorfühlen.

Einen Vergleich der ungleichen Schwestern Plane und
Baruther Urstromtal zeigt Tab. 2.

Schon an der Straßenbrücke in Raben ist die Plane als Bach
entwickelt

Im Ort Rädike konnte sie bereits eine Mühle antreiben

Mit dem Übergang in die Warmzeit, das Holozän, sind auch eine Reihe von relevanten Veränderungen verbunden, die zwar mit dem Klima in Verbindung stehen, sich aber zuerst unmerklich im Untergrund vollziehen. Während der Kaltzeiten waren erhebliche Eismassen in den Eisschilden von Nordeurasien, Nordamerika, die Antarktis und in den Gebirgen, wie den Rockies, den Anden und den Alpen gebunden. Konsequenterweise reduzierte sich der Meeresspiegel hierdurch um ca. einhundert Meter(!), was ganz erhebliche Auswirkungen auf die Land-Meer-Verteilung hatte. Die Küstenlinien lagen in den flachen Randmeeren, wie der Nordsee, demzufolge wesentlich weiter im Norden, als heute. Vom Kontinent her betrachtet, lag der so genannte Vorfluter infolgedessen wesentlich tiefer als heute. Mit dem Abschmelzen der Eiskappen schoben sich folglich nicht nur die Küstenlinien vor, sondern auch die Vorflut näherte sich Schritt für Schritt dem heutigen Niveau an. Der größte Anstieg vollzog sich dabei bis etwa 6 000 Jahre vor heute und verlangsamte sich dann allmählich. Der Anstieg des Meeresspiegels griff auch in die Gestaltung der Fließgewässer ein und führte zu Grundwasserständen, die das heutige hohe Niveau erreichten. Üppiges Pflanzenwachstum hatte schon mit dem Einsetzen der Warmzeiten begonnen. Nun konnten sich in den Feuchtstandorten Moore bilden. In den Urstromtälern waren dies weit verbreitete Niedermoore, die auch zu Torfbildungen führten. Zuerst bildeten sich die Moore natürlich völlig unabhängig vom menschlichen Zutun; in der jüngeren Vergangenheit dann aber auch unterstützt durch anthropogene Aktivitäten, wie die Mühlenstaue. Die Torfe waren übrigens vor der industriellen Kohlegewinnung gesuchtes Heizmaterial, auch im Baruther Urstromtal.

Die oben angesprochenen Küstenveränderungen hatten sich auch in den vorherigen Übergängen von den Kaltzeiten zu den Warmzeiten vollzogen und dabei während der auf die Elsterkaltzeit folgenden Holstein-Warmzeit die Nordseeküste fast bis in unser Gebiet geführt,

was nichts anderes bedeutet, als das es während dieser Warmzeit noch wärmer als in unserer jetzigen Zeit war. Die Elsterkaltzeit bewirkte aber noch etwas ganz Besonderes: Sie hat als erste pleistozäne Inlandvereisung zu einer dramatischen Veränderung des Untergrunds geführt. Betrachten wir heute Karten mit der Tiefenlage der Auswirkungen dieser intensiven Kaltzeit, dann fallen erheblich in den Untergrund einschneidende Rinnen auf, die teilweise mehr als 500 m (!) Tiefe erreichen. Ihre Genese wurde erst relativ spät verstanden. Sie hat etwas zu tun mit der Wirkung von mächtigen Eisdecken auf den unterkompaktierten Untergrund, den sich darin durch die einseitige Eisbelastung aufbauenden hohen hydrostatischen Drücken und der damit intensiv gesteigerten Bereitschaft der Sedimente auszuweichen und die Bildung dieser als Rinnen bezeichneten Eintiefungen zuzulassen.

Wir streifen diese Entwicklung nur, aber auch im näheren Umfeld von Reckahn haben sich derartige Rinnen, die ihre tiefsten Einschneidungen in einem Gebiet von Hamburg über Berlin hinaus erlebten, noch ausgewirkt. Bekannt geworden sind sie durch Bohrungen und geophysikalische Untersuchungen, aber mitunter sind auch Auswirkungen dieser Rinnen in Oberflächennähe zu verspüren. Dort, wo sie eine sonst vorhandene Tonschicht (den Rupel-Ton aus der Tertiär-Zeit) durchörtert haben, die vorher die im tiefen Untergrund vorhandenen Salzlösungen abgeschirmte, können diese nun aufsteigen und das Süßwasserstockwerk beeinträchtigen (versalzen). Auch im Untergrund von Reckahn ist eine derartige flächige Beeinträchtigung des Süßwasserstockwerks vorhanden. Von den Wasserwerkern zwar gefürchtet und gemieden, gibt es zum Beispiel mit den Botanikern aber auch Freunde des Salzwasseraufstiegs und das insbesondere dann, wenn diese bis zur Oberfläche vordringen, weil sie mit den salzliebenden Pflanzen (den Halophyten) begehrte botanische Raritäten wachsen lassen, wie dies zum Beispiel am nur wenige km östlicher gelegenen Rietzer See der Fall ist.

Oberhalb von Werdermühle sind prächtige Mäander entwickelt

Zurück zu unserem Ausgangspunkt: Wir haben die Entwicklung der Region um das heutige historische Herrenhaus Reckahn in den letzten Jahrtausenden seit der Weichseleiszeit gestreift. Das ist – mit den Augen eines Geologen betrachtet – ein sehr kurzer Zeitraum. Und dennoch hat die Landschaft erhebliche Umgestaltungen erlebt. Zuerst schoben sich die mächtigen Eispanzer aus dem Norden bis in das Urstromtal, dann brausten die Schmelzwässer gen Urnordsee und schließlich fand die Plane hier ein neues, aber etwas groß geratenes Bett für ihren Weg nach Norden.

Was wir gegenwärtig sehen können, ist nur die Momentaufnahme einer Landschaft, die im ständigen Umgestaltungsprozess steht. Uns wird bewusst, dass die Gegenwart nicht das Ziel dieser Entwicklung ist, sondern die Landschaft auch in der Zukunft drastische Veränderungen erleben wird. Neu aber ist, dass der Mensch zunehmend selbst gestaltend eingreift.

Mit parkartig gestalteten Ufern durchfließt die Plane den Ort Golzow

Der Oberlauf der Plane kurz vor der Mündung in den Breitlingsee

Weiterführende Literatur

· Hermsdorf, N. (2005): Geologische Übersichtskarte 1:100 000 Landkreis Potsdam-Mittelmark, kreisfreie Stadt Potsdam, kreisfreie Stadt Brandenburg an der Havel, mit Beiheft, Landesamt für Bergbau, Geologie und Rohstoffe Cottbus

· Juschus, O. (2001): Das Jungmoränenland südlich von Berlin – Untersuchungen zur jungquartären Landschaftsentwicklung zwischen Unterspreewald und Nuthe, Dissertation, 249 S., Humboldt-Universität zu Berlin (HTML-Version)

· Juschus, O. (2010): Der maximale Vorstoß des weichselzeitlichen Inlandeises am Nordrand des Lausitzer Grenzwalls und des Flämings. – Brandenburg. geowiss. Beitr., Cottbus, 17 (2010), 1/2, S. 63–73

· Kinder, S. & H.K. Porada (Hrsg.) (2006): Brandenburg an der Havel und Umgebung. In: Landschaften in Deutschland, Werte der deutschen Heimat, Bd. 69, 457 S., Böhlau Verlag Köln, Weimar, Wien

· Lutze, G. (2014): Naturräume und Landschaften in Brandenburg und Berlin. – 159 S., be.brawissenschaftverlag, Berlin

· Stackebrandt W. (2010): Atlas zur Geologie von Brandenburg, 157 S., 4. Aufl., Landesamt für Bergbau, Geologie und Rohstoffe Cottbus

Im Breitlingsee vereinigt sich die Plane mit der Havel

Rochowsches Schloss

Ortschaft Reckahn

Schattenplastisches Relief der Umgebung von
Schloss Reckahn mit Gutspark und Teichen.
Lizenzgeber Geobasisdaten:©Geo-Basis-DE/Landvermessung
und Geobasisinformation Brandenburg 2015.

Hanno Schmitt

Die Kultivierung der Landschaft in der Gutsherrschaft Reckahn (1600-1900)

1. Eine Kutschenreise zum Ort des Geschehens

1784 erschien in Leipzig im Verlag Weidmanns Erben und Reich „Eine kleine Reisebeschreibung zum Vergnügen der Jugend". Darin berichtete ein Vater aus Quedlinburg seinen Kindern unmittelbar nach der Rückkehr von seiner 14-tägigen Reise in die Mark Brandenburg „wo der Herr von Rochow, dieser thätige Menschenfreund, das sandige Land sowohl, als die Seelen der Menschen, bey Aeltern und Kindern, so schön verbessert hat, daß man glauben sollte, man käme schon in den Vorhof des Himmels. So gute Menschen trifft man da an."[1] In diesen einleitenden Sätzen zur Reisebeschreibung von Quedlinburg über Magdeburg, Ziesar nach Reckahn werden die dortige Landschaft und seine Bewohner gewissermaßen als Arkadien (siehe Beitrag Garber), ja eine himmlische Welt, gepriesen.

Diese für uns heutige Beobachter von Landschaft und Bewohnern um Schloss Reckahn befremdliche Wahrnehmung unseres Reisenden des späten 18. Jahrhunderts wird verständlicher, wenn man seiner weiteren Landschaftsbeschreibung während der Kutschenreise folgt. In der Nähe von Ziesar wird zunächst „das Land [als] schon sehr sandig" beschrieben, „so ist auf dem Boden auch kein grünes Pflänzchen zu sehen. Der unbestellte Acker sieht aus, wie eine Sandwüste."[2]

Diese Wahrnehmung der Landschaft änderte sich in der Folge, denn auf dem weiteren Weg machte unser Kutschenreisender folgende Erfahrung: „Nun gieng ich gerade auf Rekane. Was ich da erst noch für Sandbreiten passieren mußte, könnt ihr euch kaum vorstellen. Da traf ich auf der Straße nach Brandenburg Frachtwagen [Abb. 1] an, die 18 bis 20 Pferde vorhatten, und doch nicht von der Stelle kamen [Abb. 2]. Die Pferde waren wie mit weißem Schaum bedeckt. Denn wenn es heiß und trocken ist, so steht der Sand nicht. Und dann ist übel Fahren, weil der lose Sand immer wieder um die Räder zufällt."[3]

Abb. 1: Transporte zu Wasser und zu Land. Aus: D. Chodowiecki, Kupfertafeln zu Basedows Elementarwerk. Tafel XX.

Abb. 2: Versunken in Sand und Morast. Aus: D. Chodowiecki, Kupfertafeln zu Basedows Elementarwerk. Tafel XV.

---

1   Johann August Ephraim Goeze: Eine kleine Reisebeschreibung zum Vergnügen der Jugend. Leipzig 1784, S. 3. – Diese Schrift wird in einem von Franklin Kopitzsch und Jürgen Overhoff kommentierten und illustrierten Neudruck in der Reihe „Philanthropismus und populäre Aufklärung. Studien und Dokumente" im Verlag edition lumière in Bremen demnächst erscheinen.

2   Beide Zitate ebd., S. 59.

3   Ebd., S. 62.

Diese deprimierenden Reiseeindrücke änderten sich auf einmal schlagartig, denn im Reisebericht heißt es weiter: „Gegen sieben Uhr [abends] war ich in dem Reckahner Gebiete. Man kann es gleich an den Dämmen, Gräben, Wiesen, Angern, Forsten und Feldern merken, daß man in einer Gegend ist, wo kluger ökonomischer Fleiß auch sandigen Boden fruchtbar macht."[4]

Vor dem gerade skizzierten Hintergrund der Beschreibung und Erfahrung unseres Berichterstatters aus dem späten 18. Jahrhundert wird im nachfolgenden Aufsatz die Frage untersucht, wie die vom Autor beobachtete bessere Kultivierung der Landschaft in der Rochowschen Gutsherrschaft zustande kam und erklärbar wird.

2. Beginnende Landkultivierung in der Gutsherrschaft

Die referierten Beobachtungen unseres Kutschreisenden Pastor Johann August Ephraim Goeze (1731-1793) aus Quedlinburg werden überzeugend durch die „Statistisch-topographische Beschreibung der gesamten Mark Brandenburg"[5] bestätigt. Darin heißt es einleitend bezogen auf den „Zauchischen Kreis", in dem die Rochowsche Gutsherrschaft lag: „In Absicht der Fruchtbarkeit kann man, im Durchschnitt nur einen Mittelboden und hin und wieder schlechten Boden annehmen; *jedoch machen die fruchtbaren Gegenden bei Golzow und Reckahn, längs der Plane, welche man das freie Havelbruch nennt [...] eine bemerkenswerte Ausnahme*" [Hrv. H. S.].[6]

Die in den referierten Quellen bezeugte Fruchtbarkeit längs der Plane beruht auf einer wechselvollen Vorgeschichte, in der es insbesondere um eine Kultivierung

und effektive Wassernutzung des Planeflüsschen ging. Am Anfang der Entwicklung steht die Begründung eines *neuen Rittersitzes* der Reckahnischen Linie der Rochows durch Tobias von Rochow (gest. 1638), der ab 1590 das Amt des Kreiskommissars im Zauchischen Kreis inne hatte.[7] Dieser ließ im Jahre 1605 von einem Wittenberger Maurermeister an der Stelle des heutigen Renaissancebaues (siehe Artikel Salge) ein neues Wohnhaus[8] bauen. Für den Bau von Haus und Hofanlage verlegte Tobias von Rochow einige Bauerngehöfte *und regulierte das Bett des Flüsschen Plane.*[9]

Vermutlich war es auch Tobias, der die Verlegung der Plane ab Golzow begonnen hat. Diese These lässt sich bisher nicht eindeutig belegen. Schon im 18. Jahrhundert findet man nur ungenaue Angaben: „Der Arm der Plane, welcher durch Reckahn geht, und die neue Plane genannt wird, ist erst im 17ten Jahrhundert gegraben, und bis Gettin [heute: Göttin] geleitet worden, woselbst er in einen Mühlteich gehet, und da wo er aus demselben kommt, eine Wassermühle treibt, als dann aber sich wieder mit der alten und ächten Plane vereiniget, die hinter Reckahn fließet."[10] Eine Ursache für diese vagen Angaben liegt sicherlich in der Unübersichtlichkeit und den schweren Belastungen, die der Dreißigjährige Krieg (1618-1648) auch für die Reckahner Gutsherrschaft mit sich gebracht hat: „In den Dörfern lebten am Kriegsende nur wenig ständige Bewohner. [...]

---

4 Ebd., S. 64.

5 Friedrich Wilhelm August Bratring: Statistisch-topographische Beschreibung der gesamten Mark Brandenburg. Für Statistiker, Geschäftsmänner, besonders für Kameralisten. 2. Bd.: die Mittelmark und Ukermark enthaltend. Berlin 1805.

6 Ebd. S. 379.

7 Werner Heegewaldt: Das Gutsarchiv der Familie von Rochow auf Reckahn. In: Vernunft fürs Volk. Friedrich Eberhard von Rochow im Aufbruch Preußens. Hrsg. v. Hanno Schmitt u. Frank Tosch. Berlin 2001, S. 245-249. Hier S. 246. – Vgl. zur rigorosen Vergrößerung des Gutsbesitzes durch Tobias von Rochow: Felix Escher: Die Rochows in der Zauche. In: Ebd. S. 35-43. Hier S. 40.

8 Zu den Räumlichkeiten des Wohnhauses: Brandenburgisches Landeshauptarchiv (zukünftig: BLHA). Rep 37 Reckahne 413.

9 Vgl. Richard Kieser: Die Zauche erkauft nach dem Dreißigjährigen Krieg den Frieden. In Jahrbuch für brandenburgische Landesgeschichte 12, 1961. S. 85-99. Hier S. 86.

10 Anton Friedrich Büsching: Beschreibung seiner Reise von Berlin über Potsdam nach Rekahn unweit Brandenburg welche er vom dritten bis achten Junius 1775 gethan hat. Leipzig 1775. Neudruck bearbeitet von Gerd-H. Zuchold. Berlin 2006, S. 211.

Abb. 3:
Beim Ausheben eines
Grabens, um 1800.

Für Krahne stellte der die Entvölkerung des Landes
dokumentierende Bericht des Landreiters von 1652 noch
›drei Kossäten, drei Personen‹, in Reckahn waren es
nur ›zwei Hüfner, 2 Personen‹"[11] fest. – Auch der Adel
war durch den Ausfall der Einkünfte aus den Dörfern
und durch die Verwüstungen des Krieges erschüt-
tert. In seinem Testament schrieb der Sohn von Tobias
von Rochow, Daniel Friedrich von Rochow (1622-1662),
zum Reckahner Inventar des Gutshauses: „Was sonst
bey dem Gute vorhanden sey, sey in der Plünderung
draufgegangen".[12]

Auch ohne Kriegswirren war die Kanalisation von
Flüssen oder, wie im Falle der Neuen Plane, die künstliche Anlegung eines Wassergrabens ein gewaltiges
Unternehmen. Wir können davon ausgehen, dass zur
Ausschachtung der Neuen Plane durch ausschließlich
menschliche Handarbeit bis zu 100 Taglöhner beteiligt
gewesen sein müssen[13] (Abb. 3). Diese Schätzung basiert
auf vergleichbaren Rechnungen, die sich noch in den
Resten des Gutsarchivs Reckahn befinden[14], jedoch

aus dem 18. Jahrhundert stammen. Sowohl die Kriegswirren des Dreißigjährigen Krieges als auch die hohen
Kosten der sich vermutlich über Jahre hinziehenden
Ausschachtungsarbeiten der Neuen Plane können die
ungewissen Zeitangaben der Fertigstellung erklären.

Sieht man auf die Entwicklung der Rochowschen Gutsherrschaft im 18. Jahrhundert, so war es spätestens der
Erbauer des 1729 fertig gestellten barocken Schlosses
(siehe Beitrag Salge), der den von unserem Reisebericht-
erstatter Goeze beobachteten verbesserten Ertrag der
Äcker und Wiesen wieder in Gang gebracht hat. Der
preußische Etats- und Kabinettsminister Friedrich
Wilhelm von Rochow (1690-1764) – Vater von Friedrich
Eberhard von Rochow (1734-1805) – kümmerte sich
intensiv um die Regulierung der Neuen Plane und
die Nutzung des Havelbruches[15] und geriet dabei in
Konflikt mit seinem verwandten Nachbarn[16]. „In diesen Fragen konnte keine Übereinstimmung mit dem
gleichnamigen Golzower Rochow erzielt werden. Die
so entstandene Feindschaft sollte ernste Folgen für das
Reckahner Besitztum haben. [...] Im April 1741 nahmen
20 Bataillone Infanterie, 18 Kompanien Grenadiere, 42
Eskadrons Kavallerie, Artillerie mit 34 Geschützen [...],

11 Escher: Die Rochows in der Zauche (wie Anm. 7), S. 41. Vgl. zu den
    Auswirkungen des Dreißigjährigen Krieges in der Zauche aus-
    führlich Kieser (wie Anm. 9), S. 92-96.

12 Zitiert nach Escher ebd. S. 41.

13 Eine leider wegen der Notwendigkeit einer Restaurierung nicht
    einsehbare Akte könnte weitere Hinweise enthalten: BLHA, Rep
    37 Reckahne 115: Sachen des Magistrats in Brandenburg gegen den
    Kommissar Hans Heinrich von Rochow [1653-1713] wegen eines
    verstopften Grabens 1675.

14 BLHA, Pr. Br. Rep 37 Reckahne 114: Die Räumuung der Plane und
    der Gräben. Von Vorfluth und Unterhaltung der Dämme und
    Brücken. Beispielsweise Fol 6, 8. - Zum Schicksal des Reckahner
    Gutsarchivs berichtet als Augenzeuge Lehrer Richard Kieser, der
    das Gutsarchiv aus eigenen landesgeschichtlichen Forschungen
    kannte: „In den ersten Maitagen 1945 kamen sowjetische Soldaten

auch [...] nach Reckahn. Sie quartierten sich in dem schönen
Schloß ein [...] und ließen es sich sehr gut darin sein. [...] Die fremden Gäste brauchten bald mehr Platz und räumten also die Zimmer aus. Die Akten des reichhaltigen Gutsarchivs, vornehmlich
Akten des 17. und 18. Jahrhunderts, wurden auf den Hof geworfen
und verschwanden dort durch Feuer, Nässe, Diebstahl usw. bis auf
den kleinen Rest, der später in das neu errichtete Landesarchiv
Potsdam gerettet wurde." (Wie Anm. 9, S. 85). Vgl. auch Heegewaldt, wie Anm. 7, S. 245 f.

15 Ein Hinweis auf den bereits 100 Jahre andauernden Streit um
    das Havelbruch findet sich in: BLHA 2 kurmärkische Kammer,
    S3449, fol. 32. Siehe auch BLHA. Br. Pr. Rep 37 Reckahne 116: „Acta
    das Rittergut Reckahne betreffend in Sachen des Geheimen Raths
    Friedrich Wilhelm von Rochow und den Gemeinden Reckahne,
    Crane, Göttin und Medunck wider den Hochfiskalen Papen, no-
    mine des Zauchischen Kreises, wegen Kostenbeitrags zu dem bei
    Golzow angefertigten Graben 1728-1748.- Dieser Streit wurde beim
    Hof- und Kammergericht verhandelt.

16 Siehe: BLHA: Rep 37 Reckahne 117: Acta des Ritterguts Reckahne
    betreffend in Sachen des Etatsminister Friedrich Wilhelm von Ro-
    chow wider die Gebrüder von Rochow auf Golzow wegen streitiger
    Flößerei auf dem neuen Graben 1748-1750.

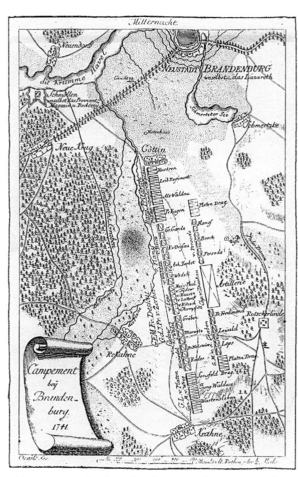

Abb. 4: Das preußische Militärlager zwischen Göttin und Krahne. Aus: Büsching: Beschreibung seiner Reise von Berlin über Potsdam nach Rekahn. 1775.

zusammen ca. 42 000 Personen in Göttin und Krahne Stellung und verblieben dort über sieben Monate."[17] (Siehe Abb. 4) Die Hintergründe der Standortwahl waren bereits im 18. Jahrhundert offensichtlich: „Reckahn lag im Mittelpunkt desselben, und hier in dem adelichen Haus, schlug der Feldmarschall von Katt, seine Wohnung auf, welcher ein Schwiegervater des nachmaligen *Generalleutnant von Rochow zu Golzow* war, der wegen des Havelbruchs mit dem Minister von Rochow in Feindschaft lebte."[18]

Das wenige Jahre vorher erbaute barocke Schloss „wurde unbeschreiblich verwüstet. Die Bedienten des Feldmarschalls hielten sich in der Gerichtsstube auf und verbrannten die Akten und Familienurkunden

nach ihrem Belieben, woraus ein unersetzlicher Verlust entstand."[19] Für den Kontext dieses Aufsatzes ist aus Anton Friedrich Büschings Bericht folgende Passage ausschlaggebend: „Wegen der Wäsche, und um die Pferde zu tränken, wurde die Neue Plane und der Mühlenteich bey Gettin gänzlich versandet. Alle Gehege wurden zerstört, ein Wald von 54 000 großen und vielen kleinen Kienbäumen, welcher auf der Höhe [dort wo das Lager] lag, [...vgl. Abb. 4] dem Flugsand wehrte, die Regenwolken herbeyzog, und voller Wildprets war, wurde abgehauen [...]. Am 28. April gerieth das Dorf Krahne in Brand [...] und endlich breitete sich aus dem Lager die *rothe Ruhr* in den Dörfern aus."[20]

Nachdem das Militärlager am 12. September 1741 verlegt wurde, gab es einen weiteren schwerwiegenden Konflikt um die durch das Heerlager entstandene Schadenshöhe. Auf diesen Konflikt weist noch heute die durch Friedrich Eberhard von Rochow 1790/91 errichtete Steinpyramide (Abb. 5) auf dem Krähenberg bei Reckahn hin.[21] Bei der Schadensabschätzung „fiel die durch das Tränken der Pferde verursachte Zerstörung der Ufer der Plane vorzüglich ins Gewicht. Dies Gewässer fließt nemlich in einem über dem Niveau der angrenzenden Felder erhöhten durch Dämme gesicherten Bett, und durch den Durchbruch desselben waren verwüstende Überschwemmungen entstanden."[22] Trotz dieser großen Verwüstungen gelang es Friedrich Wilhelm von Rochow diese schrittweise wieder rückgängig zu machen und den landwirtschaftlichen Ertrag außerordentlich zu steigern. Dies dokumentiert die schuldenfreie Übergabe der Rittergüter Reckahn, Krahne, Göttin, Mesdunck und des Vorwerks Rotscherlinde am 7. Juli 1760 und die Übertragung der Eigentumsrechte am 19. Juni 1761 an Friedrich Eberhard von Rochow.[23]

17 Escher (wie Anm. 7), S. 43.
18 Büsching (wie Anm. 10), S. 215.

19 Ebd.
20 Ebd. S. 215 f.
21 Klaus Witte: Die Steinpyramide von Reckahn im Wandel der Zeiten. Reckahner Museumsblätter Nr. 1. Sowie: Gerke Pachali: Was würde Rochow dazu sagen? Eine erinnernde Predigt aus heutiger Sicht. In: Vernunft fürs Volk (wie Anm. 7), S. 231-235. Hier S. 233.
22 Nachrichten zur Geschichte des Geschlechts derer von Rochow und ihrer Besitzungen, gesammelt von Adolph Friedrich August von Rochow. Berlin 1861, S. 128.
23 Siehe die ausführliche Darstellung der Übergabe der Gutsherrschaft in: Hanno Schmitt: Der sanfte Modernisierer Friedrich Eberhard von Rochow. Eine Neuinterpretation. In: Vernunft fürs Volk (wie Anm. 7), S. 20-23.

Abb. 5: Steinpyramide
auf dem Krähenberg bei
Reckahn.

3. Die Bemühungen
Friedrich Eberhard von Rochows

Nach Übernahme der Reckahner Gutsherrschaft hat
sich Friedrich Eberhard von Rochow intensiv um eine
Fortsetzung der von seinem Vater begonnenen Modernisierung der Landwirtschaft und der damit verbun-
denen Kultivierung der Landschaft eingesetzt. Das
Flussbett der neuen Plane, das seit den Kriegszerstö-
rungen von 1741 nicht wieder richtig hergestellt war,
„wurde neu ausgegraben, die Ufer erhöht, und so dem
im Frühjahr häufig übertretenden Gewässer ein geordneter Weg gewiesen, so daß es sogar für kleinere Kähne
schiffbar wurde. Zur Entwässerung der feuchten Wiesen und zur Berieselung des dürren Landes wurden
überall zweckmäßige Gräben gezogen und dadurch der
Boden so verbessert,[24] daß der Gutsherr nach einigen
Jahren Wiesen übrig hatte, die er an höher liegende Dörfer, die keine besaßen, verpachtete. Durch solche Arbeiten, die sich Rochow beträchtlich Geld kosten ließ,
wurde eine ganze Anzahl seiner seit dem Lager von 1741
sehr heruntergekommenen und durch den 7jährigen
Krieg noch mehr verarmten Untertanen beschäftigt
und erhalten."[25]

Der skizzierte Zusammenhang wird auch in einem Brief
Rochows an die Stadt Brandenburg (Reckahn, 31. Mai
1768) deutlich. Darin heißt es: „Ich bin im Begriff die
Graben in dem beym Dorfe Gettin belegenen Rießbruche und Roßdunk, zum nöthigen Behuff der Hüthung
und Wiesen räumen zu laßen;[26] ich finde aber, daß der
zur Stadt Brandenburg gehörige Graben am breiten
Bruche, welcher sich bey meinen Rießbruche anfängt
und den Haberberg vorbey nach das so genannte Büt-
tels Handfest zugehet, das Waßer abziehen und meinen
Graben die Vorfluth geben muß,[27] weil solcher über 20
Jahr nicht geräumet ist, unbrauchbar geworden, und
dadurch meine Hüthung und Wiesen gelitten haben,[28]
also die Räumung meiner Graben unnütz und verge-
bens seyn würde, wann nicht auch dieser Breite Bruch
Graben wieder geräumet und in gehörigen Stand geset-
zet wird."[29]

---

24 In: Johann Georg Krünitz: Oekonomische Encyklopädie, oder
allgemeines System der Staats- Stadt- Haus- u. Landwirtschaft, in
alphabetischer Ordnung. Bd. 61. 1793. S. 914f. heißt es dazu: „Das
Bett dieses Flusses, wenigstens der neuen Plane, ist hoch, hingegen die auf den Seiten derselben liegenden Wiesen und Aecker
sind niedrig; wenn also viel Wasser aus dem Kurkreis kommt,
läuft der Fluß an, und überschwemmt die Wiesen und Aecker. Hr.
v. Rochow hat denselben mit großen Kosten ausgegraben, sein
Bett dadurch vertiefen, hingegen die Ufer erhöhen lassen, und
dadurch ist er auch für kleine Kähne schiffbar geworden. Der
Schaden, den er verursacht, wenn er über seine Ufer tritt, ist nicht
so groß, als der Vortheil, den er dem adelichen Hofe und dem
Dorfe Reckahn verschafft, denn Menschen und Vieh werden meis-
tentheils mit seinem Wasser getränkt, ist fisch- und krebsreich,
treibt auch eine Mühle bey Gettin."

25 Ernst Schäfer: Friedrich Eberhard von Rochow. In: Monatsschrift
für die Innere Mission, 26. Bd. Gütersloh 1906, S. 121–132; 161–192;
201–267. Hier: S. 162.

26 Auf und im Grenzbereich der Stadt Brandenburg und den Rochowschen Gütern befanden sich mehrere Bruchgebiete, das sind
ursprünglich sumpfige, grasreiche Gegenden mit Erlenbewuchs.
Ein dichtes System von Entwässerungsgräben war angelegt worden, um diese wertvolle Landschaft für Heuernte und Hütung des
Viehs zu nutzen. Denn außerordentlich wichtig war in der Landwirtschaft die Viehhaltung, die in einer Zeit ohne Kunstdünger
als einziges Mittel für eine schnelle Verbesserung ausgelaugter
Böden galt. Die Gräben – die größeren hatten eigene Namen –
wuchsen im Laufe der Jahre zu und mussten, um das Entwässe-
rungssystem instand zu halten, regelmäßig geräumt werden.

27 In Krünitz, Oekonomische Encyklopädie, wie Anm. 24, Bd. 231, S.
384 wird die Vorflut unter anderem folgendermaßen erklärt: „2)
die Ableitung des tiefer stehenden Wassers, damit das weiter oben
herkommende Wasser leichter abfließen kann". Die Räumung der
Gräben war aus diesem Grund eine komplizierte Angelegenheit.
Damit das zusammenhängende Gesamtsystem auch nach der
Räumung funktionierte, musste die Auskofferung der Haupt-
gräben in etwa in gleicher Tiefe stattfinden, und alle Anrainer
mussten nach genauer Reihenfolge ihre Abschnitte renovieren.
Ansonsten waren Überschwemmungen der Ländereien und Wiesen tiefer gelegener Eigentümer unumgänglich.

28 Durchnässung und Versumpfung der Wiesen waren die Folge des
zurückgestauten Wassers in den Gräben.

29 BLHA Br. Pr. Rep. 37 Reckahne, Nr. 114, fol. 6f.

Neben diesen Anstrengungen bemühte sich Rochow um eine Teilung der den Dörfern und seinen Gütern gemeinsam gehörenden Gemeinde-Äcker, -Wiesen und Weideplätze sowie um eine Zusammenlegung der oft weit voneinander entfernten Ackerstücke, also um eine Flurbereinigung[30]. Rochow berichtet dazu: Natürlich waren nicht wenige Bauern vorhanden, „die es nicht begreifen konnten, daß die Hütung besser Futter geben und mehr einbringen sollte, wenn sie in Koppeln geschlagen würden und jeder sein Vieh besonders weiden ließe. Sie wurden aber nicht lange gefragt, sondern mußten [...] die Koppel annehmen, die ihnen durch das Los zuviel."[31]

Sehr viel schwieriger als die Durchsetzung der Aufteilung des Gemeineigentums und die Zusammenlegung eines Teils der Äcker in Rochows Gutsherrschaft war die Aufgabe, den Gemeinbesitz im Havelbruch, an dem mehrere Dörfer, die Stadt Brandenburg und die Golzower Verwandtschaft derer von Rochow beteiligt waren, zum Abschluss zu bringen. Nach dem erfolgreichen Ende von jahrelangen Verhandlungen berichtet Friedrich Eberhard an den Sekretär des Halberstädter Domkapitels[32] Johann Wilhelm Ludwig Gleim (1719-1803): „Diesen Morgen habe ich ein siebenjähriges Geschäft geendigt, nämlich in eine Gemeinheit von ppter 4 000 Morgen, woran eine ganze Stadt, zwei adlige Güter und einige Bauerndörfer teil hatten,[33] und worin wegen der

Teilnehmung und Nutzung in vielen hundert Jahren keine Ordnung, sondern vielmehr stets während Prozesse gewesen waren, Licht und Ordnung zu bringen. Heute Morgen ist der letzte Vergleich unterzeichnet, und jeder genießt fortan sein Eigentum quovis meliori modo[34]. Sollten Sie wohl glauben, daß Aufhebung der Gemeinheiten und Aufklärung der Nation, Aufhelfung der Moralität des Volkes so nahe grenzet?[35] Ich habe also auch dadurch an meinem Lieblingsfache gearbeitet, und mich dauert weder meine verwendete fast herkulische Arbeit, noch die Kosten."[36]

Die verschiedenen Aktivitäten Rochows zur Kultivierung und Modernisierung können hier nicht alle dargestellt werden. Die Konflikte insbesonders mit der Stadt Brandenburg um die Räumung der neuen Plane und der zugehörigen Gräben wurde zuweilen vor dem Kammergericht ausgetragen. Interessanter im Zusammenhang des vorliegenden Aufsatzes ist die Tatsache, dass Rochow auch die alte Plane kanalisieren lassen wollte (siehe Abb. 6) Der archivalisch überlieferte Kostenvoranschlag lässt die zu überwindenden Schwierigkeiten deutlich werden. Im „Anschlag der Kosten welche bei der Aufräumung des verschlammten Plane flusses zwischen Reckahn und Gettin erfordert werden" heißt es u. a.: „Die alte Plane ist von verschiedenen Orten und sonderlich obenwärts nach der Neuen Trift hin gänzlich zugesandet, und mit Schilf verwachsen. An denen Orten wo sie noch fließend ist, verhindert das Strauchwerk und Rohr den Abfluß und überschwemmet die daran belegenen Wiesen, weil die Ufer zu sehr eingeschrenkt sind; daher eine durchgängige

30 Zum allgemeineren Zusammenhang in Preußen: Rudolph Stadelmann: Preussens Könige in ihrer Thätigkeit für die Landescultur. Bd. 2: Friedrich der Grosse. Neudruck der Ausgabe 1882. Osnabrück 1965.

31 Friedrich Eberhard von Rochow: Schreiben eines Landwirts an die Bauern wegen Aufhebung der Gemeinheiten. Stendahl 1769. Zit. nach: Ders.: Sämtliche pädagogische Schriften. 3. Bd. Hrsg. von Fritz Jonas u. Friedrich Wienecke. Berlin 1909, S. 417-432. Hier: S. 420. Rochow war zur Abfassung dieser ursprünglich anonym erschienene Schrift von Friedrich II. beauftragt worden. Vgl. die gute Darstellung bei Schäfer (wie Anm. 25), S. 167-171.

32 Silke Siebrecht: Friedrich Eberhard von Rochow. Domherr in Halberstadt – praktischer Aufklärer - Schulreformer und Publizist. Handlungsräume und Wechselbeziehungen eines Philanthropen und Volksaufklärers in der zweiten Hälfte des 18. Jahrhunderts. (Philanthropismus und populäre Aufklärung. Studien und Dokumentationen, Bd. 6). Bremen: edition lumière 2013.

33 Die Stadt Brandenburg, die adligen Güter Rochow-Golzow und Rochow-Reckahn mit Brückermark sowie die Dörfer Grüningen und Wollin. Die „Separation des Havelbruchs" war nach vielen Jahren der gerichtlichen und außergerichtlichen Prozesse endlich zu einem abschließenden Vergleich gekommen. In der gegenwärtig für den Druck vorbereiteten Briefedition „Edition und Kom-

mentierung sämtlicher Briefe von und an Friedrich Eberhard von Rochow 1734-180" hrsg. v. Anke Lindemann und Hanno Schmitt werden weitere Quellen zur Separation des Havelbruches publiziert. Die Briefedition erscheint in der Reihe „Philanthropismus und populäre Aufklärung. Studien und Dokumente" im Verlag edition lumière in Bremen.

34 lat.: überall auf bessere Art und Weise.

35 Vgl. Rochows erste, anonym erschienene Publikation Schreiben eines Landwirths an die Bauren wegen Aufhebung der Gemeinheiten (Berlin 1769). (Wie Anm. 31).

36 H: Gleimhaus Halberstadt: von Rochow (3), D: Jonas, Rochow-Correspondenz 1885, S. 153-154. – Das von der Deutschen Forschungsgemeinschaft an der Universität Potsdam fünf Jahre geförderte Projekt „Edition und Kommentierung sämtlicher Briefe von und an Friedrich Eberhard von Rochow (1734-1805)" ist abgeschlossen. Die im Projekt neu erschlossenen ca. 500 Briefe werden gegenwärtig für den Druck vorbereitet. Die Briefedition erscheint in der Reihe „Philanthropismus und populäre Aufklärung. Studien und Dokumente" im Verlag edition lumière in Bremen.

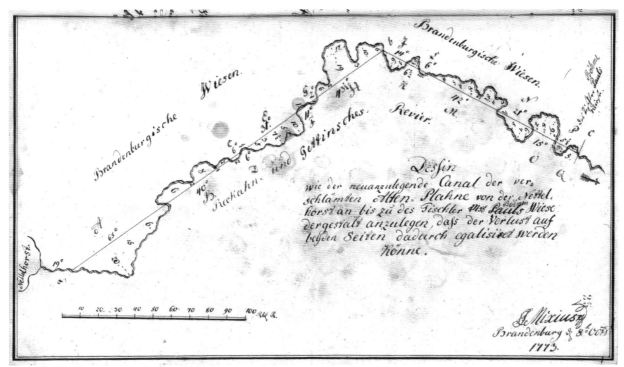

Abb. 6: Entwurf zur Kanalisierung der Alten Plane. BLHA Rep 37 Reckahne Nr. 114.

Aufräumung unumgänglich nöthig ist, womit bei dem sogenannten Gänse-Werder miterwärts bei der Gettinschen Mühle der Anfang zu machen und hundert Arbeiter zugleich anzusetzen wären. [...] Die vielen kleinen Krümmen wodurch sich die alte Plane jetzt schlängelt, wie mehren theils versandete Flüsse zu machen pflegen, müssen in geordneter Linie durchgestochen und solcher Gestalt égalisiert werden, daß auf einer Seite so viel als auf der anderen an Terrain erhalten werde, und daß die Wendung jederzeit einen stumpfen Winkel mache. Die Oberfläche des Flußbettes kann nicht schmäler als 14 Fuß und abwärts bei der neuen Trift 12 Fuß breit angenommen werden, wobei die Ufer wegen des sandigen und morastigen Bodens ganz flach doffiret werden müssen. Wie denn die Sträucher und Rohrwurzeln aus dem Grunde ausgerottet werden müssen. Weil sonst Bruchtheile und in kurzer Zeit abermals neue Verstopfungen entstehen würden".[37]

Entwässerung und das weitflächige Grabennetz spielen auch in den Texten der bisher bekannten und bereits zitierten zwei Reisebeschreibungen zur Gutsherrschaft Reckahn aus dem 18. Jahrhundert eine Rolle. Grundsätzlich interessierten sich die Reckahner Besucher im Zeitalter der Aufklärung zunächst insbesondere für die Reckahner philanthropische Musterschule für alle Mädchen und Jungen der Landleute[38] sowie die

agrarökonomischen Reformen in der Gutsherrschaft. Dazu gehörte natürlich auch die Melioration. Daran erinnert Anton Friedrich Büsching (1724-1793) anlässlich seiner Reckahner Reise über Pfingsten 1775: „Gegen Abend gieng der Herr Domherr mit mir ins Feld, da ich denn mit Vergnügen etwas von Seinem guten Acker- und Wiesenbau sahe. Die Gegend durch welche wir giengen, war niedrig [im Sinne von flach...] auch wegen der vielen Gräben und Dämme[...] überall gangbar."[39] Diese Gräben und Dämme müssen für die Besucherinnen und Besucher interessant gewesen sein, denn auch der eingangs zitierte Pastor Goeze aus Quedlinburg berichtet: „Kleine Gräben schneiden Wiesen von den angrenzenden Feldern ab, an welchen man herumspaziert."[40] Schließlich schreiben Büsching und Goeze auch mit Vergnügen über ihre jeweilige „Lustreise" auf der Plane: „Nachmittags machten wir noch eine kleine Schiffahrt auf der Plane, in zwei Kähnen, nach Gettin. Da hat der Herr [Rochow] einen Berg mit einem hohen Thurme, in dem niedliche Zimmer angelegt sind. Die Aussicht von diesem Thurme nach Brandenburg, und nach so vielen herumliegenden Oertern, war reizend."[41] Ganz offensichtlich liebte man auch im 18. Jahrhundert den weiten Blick über die Landschaft, denn Büsching erfreut sich während seines morgendlichen Spazierganges am ersten Besuchstag (4. Juni 1775) im Schlosspark:

---

37 BLHA, Br. Pr. Rep 37 Reckahne 114, fol. 25.
38 Johanna Goldbeck: Volksaufklärerische Schulreform auf dem Lande in ihren Verflechtungen. Das Besucherverzeichnis der Reckahner Musterschule Friedrich Eberhard von Rochows als Schlüsselquelle für europaweite Netzwerke im Zeitalter der Aufklärung. (Philanthropismus und populäre Aufklärung – Studien und Dokumente, Bd. 7). Bremen 2014. – Hanno Schmitt: Volks-

aufklärung an der Rochowschen Musterschule in Reckahn. In: Holger Böning, Hanno Schmitt, Reinhart Siegert (Hrsg.): Volksaufklärung. Eine praktische Reformbewegung des 18. und 19. Jahrhunderts. Bremen: edition lumière 2007, (Presse und Geschichte – Neue Beiträge Bd. 27), S. 163-178.
39 Büsching (wie Anm. 10), S. 221 f.
40 Goeze (wie Anm. 1), S. 71.
41 Ebd. S. 106 f.

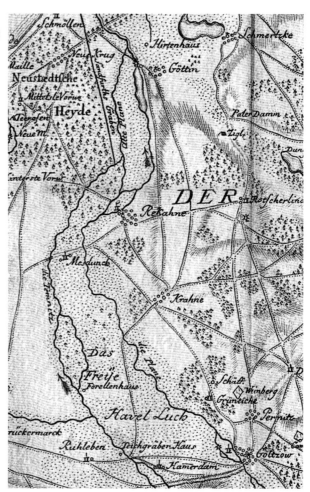

Abb. 7: Kartenausschnitt aus Büsching: Beschreibung seiner Reise von Berlin über Potsdam nach Reckahn 1775

„Ich [...] durchstreifte diesen angenehmen Garten, *und entdeckte in demselben einen hölzernen Thurm* [i. O.], *der mit eine schöne Aussicht versprach. Begierig, derselben zu genießen, begab ich mich in diesen Thurm, bestieg ihn bis in seine oberste Abtheilung, und öffnete die Laden, welche mir die gewünschte Aussicht verschaffen konnten. Welches Vergnügen! Als sich meine Hoffnung erfüllt, und nach allen vier Gegenden der Welt, weit über Wiesen und Felder, Ebenen und Hügel, Büsche und Wälder, Dörfer und Vorwerke weg, unter mir aber gegen Westen und auf einer geräumigen und eingeschlossenen Wiese, ein Dutzend Hirsche sahe, welche hier geheget werden!*“ [42]

4. Exkurs: Landaufnahme im 18. Jahrhundert und die Bedeutung der Preußischen Urmesstischblätter

Der gerade zitierte, begeisterte Landschaftsbeobachter vom hölzernen Aussichtsturm im Reckahner Gutspark ist auch im Urteil der heutigen Geschichtswissenschaft „als Gelehrter eine europäische Gestalt, und er verleugnete seine Arbeitsweise und seine [auf die gesamte Welt bezogenen] Wissenschaftsinteressen auch dann nicht, wenn er in seiner Berliner Zeit im Brandenburgischen reiste.“ [43] Bezogen auf die Thematik des vorliegenden Exkurses ist der Rundblick des Geographen, Kartographen und Landkartensammlers Büsching [44] interessant, denn die „Beschreibung seiner Reise [...] nach Reckahn“ [45] war auch eine wichtige Vorarbeit zu einer späteren geographischen Beschreibung der Mark Brandenburg, [46] deren Informationen zusätzlich Ein-

gang in brandenburgischen Blätter des Weltatlasses von Reilly aus dem Jahr 1791 gefunden haben. [47]

Vor dem skizzierten Hintergrund ist es sicher kein Zufall, dass der Geograph Büsching seiner Reisebeschreibung nach Reckahn bereits eine Karte beigegeben hat, auf der seine Leserinnen und Leser den Verlauf der Reise nach Reckahn verfolgen konnten. Der abgebildete, etwas vergrößerte Kartenausschnitt der Umgebung von Reckahn (Abb. 7) zeigt im Vergleich mit dem zeitgleich entstandenen Schmettauischen Kartenwerk [48] (Abb.8) *deutliche Ungenauigkeiten* in der Abbildung der Umgebung von Reckahn: Bei Schmettau wird die bereits in Abschnitt 2 und 3 dieses Aufsatzes dargestellte Kultivierung und Kanalisierung der

42 Büsching (wie Anm. 10), S. 208.

43 Wolfgang Neugebauer: Anton Friedrich Büsching 1724-1793. In: Jahrbuch für Brandenburgische Landesgeschichte. Bd. 58 (2007). S. 84-101. Hier: S. 85.

44 Dieser hatte weitere Berufe u. a.: Theologe, Direktor des Berlinischen Gymnasiums zum Grauen Kloster, Mitglied im Berliner Oberkonsistorium, Universitätsprofessor in Göttingen. Siehe zu dessen umfangreicher Lebensleistung: Peter Hoffmann: Anton Friedrich Büsching (1724-1793). Ein Leben im Zeitalter der Aufklärung. Berlin 2000.

45 Wie Anm. 10.

46 Udo Gentzer: Erläuterungen zum Nachdruck der brandenburgischen Blätter des Weltatlasses von Reilly aus dem Jahr 1791. In: „Schauplatz der Fünf Theile der Welt". Das Kurfürstentum Brandenburg im 18. Jahrhundert. Hrsg. v. Landesvermessung und Geobasisinformation Brandenburg und Brandenburgisches Landeshauptarchiv. Stand Mai 2012, S. 4 f. Sowie Anton Friedrich Büsching: Erdbeschreibung. Achter Theil, der den ober-sächsi-

schen Kreis enthält. 7. rechtm. und stark verb. und verm. Aufl., Hamburg 1791.

47 Gentzer: Ebd.

48 Friedrich Wilhelm Carl von Schmettau (1743-1806). Pionier der modernen Kartographie, Militärschriftsteller, Gestalter von Parks und Gärten. Hrsg. von Oliver Flint und Lothar Jordan. Kleist-Museum: Frankfurt (Oder); Landesvermessung und Geobasisinformation Brandenburg: Potsdam 2009 – Das ganze Land in Sepia. 18. Jahrhundert: Schmettauisches Kartenwerk als Höhepunkt der voramtlichen Kartographie Preußens. In: Gemeinschaftsproduktion des Biosphärenreservats Flusslandschaft Elbe-Brandenburg im Landesumweltamt und der Landesvermessung und Geobasisinformation Brandenburg: Begleitband zur Ausstellung „Die Vermessung am Fluss". Ausgabe 2009, S. 41-46. – Aktuelle und historische Karten der Landesvermessung und Geobasisinformation Brandenburg. Produktverzeichnis. Stand Juni 2014, S. 66f.

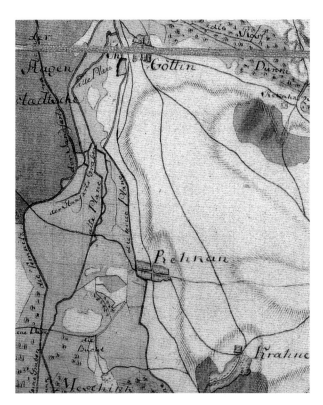

Abb. 8: Kartenausschnitt aus Schmettau 76. Reproduktion Landesvermessung und Geobasisinformation Brandenburg.

und dem Ausschnitt aus Schmettau macht deutlich, dass Büsching die Schmettauische Karte zum Zeitpunkt des Drucks seiner Karte nicht gekannt hat. Das konnte Büsching auch nicht, denn die Reinzeichnung des Schmettauischen Kartenwerks wird auf die Jahre 1780-1786[51] datiert. Büschings Karte erschien mit der Buchpublikation seiner Reise im Jahr 1775.

Der Zustand einer Landschaft wird durch deren vermessungstechnische Aufnahme und die daraus entstehenden Landkarten dargestellt. Am Ende des 18. Jahrhunderts sind Landkarten nicht nur unter militärstrategischen Gesichtspunkten wichtig[52], sondern sie erfreuen sich mehr und mehr öffentlichen Interesses. „Die Herausgabe von Karten zu brandenburgischen Regionen hielten nicht Schritt mit den Entwicklungen [...]. Die Versorgung der Bevölkerung mit aktuellem Kartenmaterial beruhte daher auf Arbeiten, ausländischer Werkstätten".[53] In diesen Zusammenhang gehören die bereits oben erwähnten Kartenblätter des Wiener Kartographen, Verlegers und Schriftstellers Johann Joseph von Reilly (1766-1820), die um 1791 entstanden sind.[54] Auch diese Karten sind, wie das Schmettauische Kartenwerk, heute wieder durch qualitativ hervorragende Nachdrucke zugänglich.[55] Wie Abb. 9 zeigt, sind auch Reillys brandenburgische Blätter fehlerhaft, denn Reckahn fehlt im Gegensatz zu Krahne, Göttin und sogar Rotscherlinde auf der Karte gänzlich.

neuen Plane eindeutig sichtbar. Diese Entwicklung der Landschaft fehlt auf dem Kartenausschnitt von Büsching völlig. Die unterschiedliche Darstellung auf beiden Karten werden erklärbar, wenn man bedenkt, dass Landaufnahme im 18. Jahrhundert noch „auf der Zusammenstellung vorhandener Karten Gemarkungskarten und Forstkarten verschiedener Maßstäbe"[49] beruhte, die durch zusätzliche Messungen zuweilen ergänzt wurde. In dieser Tradition war das Schmettauische Kartenwerk ein herausragender Höhepunkt der voramtlichen Kartographie in Preußen.[50] Der Vergleich von Büschings Kartenbeilage zur Reise nach Reckahn

Abb. 9: Kartenausschnitt aus Reilly: Nachdruck der brandenburgischen Blätter des Weltatlasses Nr. 342.

49 Die Vermessung am Fluss. Ebd. S. 43.
50 Ebd. S. 41-46.

51 Ebd. S. 43.
52 Der Vater, des Verfassers des Schmettauischen Kartenwerkes, Reichsgraf Samuel von Schmettau (1684-1751) „war 1741 als Feldmarschall nach Preußen berufen worden und hatte dort in leitender Fuktion an der Erstellung von Karten durch die Berliner Akademie der Wissenschaften mitgearbeitet. Um 1749 hatte er die Realisierung eines größeren Projektes ins Auge gefasst: er wollte eine Längengradmessung als geodätisches [Geodäsie= Wissenschaft von der Ausmessung und Abbildung der Erdoberfläche] Gerüst für eine Karte von Deutschland durchführen. Nach ersten astronomischen Ortsbestimmungen und Dreiecksmessungen in der Kurmark und angrenzenden Gebieten verbot jedoch Friedrich II. 1750 dieses Vorhaben. Der preußische König war der Meinung, für ihn sei ein solches Unternehmen zu gefährlich, da durch derartige Messungen die genaue Lage seiner Provinzen bekannt würden und Feinde Preußens daraus Vorteile ziehen könnten." Ebd. S. 41.
53 Ebd. S. 47.
54 Gentzer (wie Anm. 46), S. 7 f.
55 Aktuelle und historische Karten (wie Anm. 48), S. 64-67.

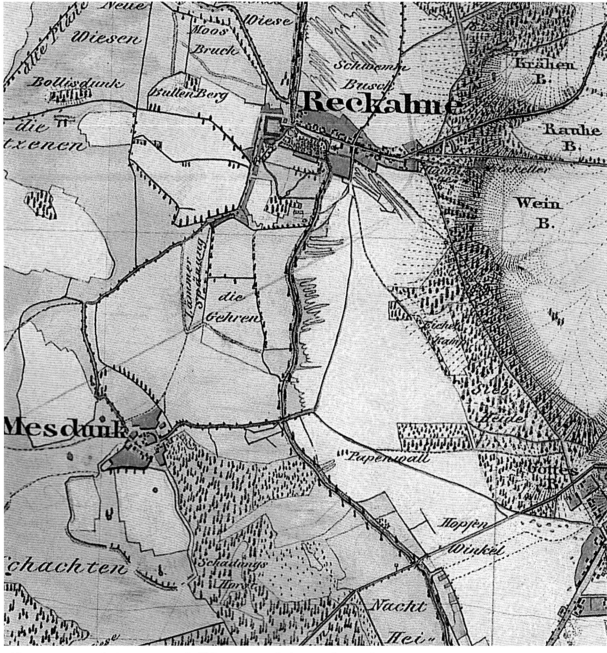

Abb. 10: Kartenausschnitt aus Urmesstischblatt 3641 Brandenburg an der Havel-Göttin.

Die hier nur beispielhaft vorgestellte fehlerhafte kartographische Abbildung der Reckahner Landschaft wurde durch die Entwicklung der Preußischen Urmesstischblätter schon Anfang des 19. Jahrhunderts überwunden. Denn 1822 wurde mit der topographischen Aufnahme des gesamten Staatsgebiets von Preußen im Maßstab 1:25 000 begonnen. „Die einzelnen Blätter waren handgezeichnete Unikate und nicht zur Veröffentlichung vorgesehen. Sie sollten Grundlage für ein Kartenwerk kleineren Maßstabes (die spätere Generalstabskarte 1:100 000) sein, das den veränderten territorialen Verhältnissen Preußens nach dem Wiener Kongress 1815 Rechnung trug."[56] Das Urmesstischblatt für Reckahn (Abb. 10) hat die Nr. 3641: Brandenburg an der Havel – Göttin. Dieses wurde, wie eine handschriftliche Notiz auf dem Original belegt, im Jahr 1842 von

„Köhn v. Jaski, 1 Premier Lieutnat im 2. Garde Regiment" aufgenommen und gezeichnet.

Das Studium der historischen Landkarten eines Gebiets bietet exemplarisch-aufschlussreiche Einblicke in die landschaftlichen Veränderungen und die Geschichte ihrer Vermessung. Aus der in diesem Exkurs skizzierten Entwicklungen der lokalen Landaufnahme um Reckahn sind unsere heute verwendeten Landkarten entstanden: „Die Urmesstischblätter markieren den Anfang der topographischen Kartographie, die sich in verschiedenen Etappen weiterentwickelt hat, aber bis heute auf diesen Wurzeln basiert".[57]

---

56 Ebd. S. 70.

57 Ebd.

Abb. 11: Quadratteich und Schloss um 1900.

5. Zur Entstehungsgeschichte der Reckahner Teiche

In der wichtigsten neueren Veröffentlichung des Leibniz-Instituts zur landeskundlichen Bestandsaufnahme im Raum Brandenburg an der Havel und Umgebung[58] steht in dem sonst gut recherchierten Artikel zu Reckahn folgender Satz: „Südlich an Reckahn anschließend wird die Planeaue seit Friedrich Eberhard von Rochows Zeiten durch größere Teichanlagen genutzt."[59] Entsprechend dieser Behauptung sind die heutigen Reckahner Teichanlagen auch in den aktuell rekonstruierten „historischen" Karten verzeichnet.[60] Diese Darstellung entspricht nicht der tatsächlichen historischen Entstehungsgeschichte der Teichanlagen.

Zwar gab es, wie unsere bereits öfter erwähnte Reisebeschreibung bezeugt, zu Friedrich Eberhard von Rochows Zeiten um 1784 im Reckahner Gutspark einen „großen Quadratteich" (Fotographie um 1900, Abb. 11). Links von diesem Teich zog sich „wieder ein schmaler langer Teich den ganzen Garten herunter, der am Ende von der vorbeyfließenden Plane [...] sein Wasser" erhielt.[61] Diese Beschreibung in Goezes „Kleiner Reisebeschreibung zum Vergnügen der Jugend" deckt sich

mit der heutigen Gestaltung des Gutsparks, der im Zuge der denkmalgerechten Sanierung (siehe Beitrag Tosch) wieder einen Graben erhielt, der heute nicht mehr Wasser führt, aber in seinem ursprünglichen Verlauf sichtbar gemacht wurde. Goeze berichtet weiter: „Ueber den Teich führt eine Brücke [siehe zur heutigen Situation den Beitrag Tosch] auf welcher man Fische füttern kann. Das ist eine Lust. Da kommen dann ziemliche Karpfen und andere Fische und holen Brodplocken weg."[62]

Neben diesen Teichen gab es zu Rochows Zeiten und wie das Urmesstischblatt vom Jahre 1842 verdeutlicht, bis Mitte des 19. Jahrhunderts *keine weiteren Teichanlagen in Reckahn* (Abb. 10). An der Stelle der heutigen Teichanlagen zeigt das Urmesstischblatt vom Jahr 1842 Wiesen und Weideflächen und die Flurnamen „die Gehren" und „Lämmer Spänung" (= Lämmer Tränke). Auch ein weiteres Messtischblatt, das 1883 von der Preußischen Landesaufnahme herausgegeben wurde, zeigt an der Stelle der heutigen Teichanlagen immer noch nasse Wiesen, Heide, Buschwerk und eine Scheune.

Die in den genannten Messtischblättern deutlich werdende früheren Nutzung der Fläche der heutigen Reckahner Teiche besonders als Schafweide lag in der Zeit der Gutsherrschaft Friedrich Eberhard von Rochows auf der Hand, denn schon bei Übergabe der Gutsherrschaft im Jahre 1760 gab es fast 4000 Schafe.[63] Die Bedeutung der Schafzucht verringerte sich aber im Zuge der zunehmenden Intensivierung der Landwirtschaft im

58 Brandenburg an der Havel und Umgebung. Eine landeskundliche Bestandsaufnahme im Raum Brandenburg an der Havel, Pritzerbe, Reckahn und Wusterwitz. Hrsg. v. Sebastian Kinder und Haik Thomas Porada im Auftrag des Leibniz-Instituts für Länderkunde und der Sächsischen Akademie der Wissenschaften zu Leipzig. Köln Weimar Wien 2006.
59 Ebd. S. 329.
60 Siehe beispielsweise: Vegetations und Landschaftsgeschichte seit dem Mittelalter. In: Ebd. S. 24-27. Die Karte S. 25.
61 Goeze (wie Anm. 1), S. 67.
62 Ebd. S. 68
63 Vgl. Schmitt (wie Anm. 23), S. 20.

Abb. 12: Reckahner Teiche im Bau.

19. Jahrhundert. Meist wurden daher die ertragsschwachen Ländereien aufgeforstet.[64] Dagegen wurde auf der Fläche der heutigen Reckahner Teiche ein alternativer Weg bestritten. Darüber gibt ein bisher unbekannter Aufsatz mit dem Titel „Die von Rochow'sche Muster-Fischanstalt auf Reckahn" und die darin abgedruckten Fotographien[65] einen guten Einblick in die Entstehungsgeschichte der Reckahner Teiche.

Dieser in den „Mitteilungen des Fischerei-Vereins für die Provinz Brandenburg am 10. Juli 1902 erschienene Aufsatz weist gleich anfangs auf den Zusammenhang von Bodenqualität und Fischereizucht hin: „Der karge Boden, welcher zu landwirtschaftlichen Zwecken wenig Ermuthigung bot, hatte von Natur aus diejenigen Eigenschaften, welche zur Heranziehung von Brut- und Setzfischen sich vorzüglich eignen."[66] Nach anfänglichen Versuchen „nur auf die Zucht von Karpfen zu Marktzwecken eingerichtet"[67], kam es zur stärkeren Nachfrage „umfänglicher Setzzucht von Karpfen und Schleien".[68] Gleichzeitig wurde die Teichanlage vergrößert (Siehe Abb. 12 und 13). Dabei erwies sich die

bei Golzow „künstlich abgezweigt[e] und auf einem 1 m höher gelegenen Damme über dem gewachsenen Wiesenboden und Ackerfeldern"[69] fließende Neue Plane sehr vorteilhaft: „Die künstliche Anlage kam der Teichwirtschaft Reckahn sehr zu statten und erleichterte den Teichbau ungemein, da nur die angrenzenden Wiesen und Ackerflächen mit Dammwällen umgeben werden brauchten, deren Erdmaterial durch den Aushub notwendiger Gräben usw. leicht gewonnen werden konnten. So entstand ein Teich an und neben dem andern, das Gefälle des ganzen Geländes begünstigte die vollständige Trockenlegung der Teiche nach dem Abfischen während des Winters."[70]

Auf dem Hintergrund der dargestellten Zusammenhänge bleibt festzuhalten: Die Reckahner Teichanlagen sind erst am Ende des 19. Jahrhundert entstanden und wurden im Verlauf der weiteren Entwicklung teilweise umgestaltet bzw. auch etwas erweitert. Die Entwicklung der Teichanlagen im 20. Jahrhundert ist nicht mehr Thema des vorliegenden Aufsatzes.

64 Brandenburg an der Havel und Umgebung, wie Anm. 43, S. 25.
65 In: Mitteilungen des Fischerei-Vereins für die Provinz Brandenburg. Heft 2. Ausgegeben am 10. Juli 1902, S. 240-245. Die fünf Fotographien sind nicht paginiert.
66 Ebd. S. 240.
67 Ebd.
68 Ebd.
69 Ebd. S. 243.
70 Ebd.

Abb. 13: Reckahner Teiche mit Kirchturm von Mesdunk.

6. Schlussüberlegungen

In den bisherigen Sonderausstellungen der Reckahner Museen, aber auch in der neueren Rochow-Forschung wurde insbesondere auf die erziehungs-, bildungs- und kulturgeschichtliche Bedeutung Friedrich Eberhard von Rochows aufmerksam gemacht. Auch der Volksaufklärer und Agrarreformer Rochow wurde in einer größeren Zahl von Buchpublikationen auf der Grundlage der in den letzten 15 Jahren neu erschlossenen gedruckten und ungedruckten Quellen interdisziplinär sowie mehrperspektivisch freigelegt. Einzelne Aspekte der Dauerausstellung des Rochow-Museums „Vernunft fürs Volk" spiegeln sich in dem von Frank Tosch verantwortlich entwickelten kulturellen Gestaltungskonzept und der Anlage eines Informationssystems im Reckahner Gutspark wider (siehe Beitrag Tosch). Auf der Grundlage dieser Forschungserträge thematisieren die in diesem Begleitbuch zur Sonderausstellung „Wasser für Arkadien – Landschaftsentwicklung um Schloss Reckahn zwischen Urstromtal, Planeflüsschen und Vogelschutz" enthaltenen Aufsätze erstmals die natürliche Ausstattung, die Geschichte und die kulturelle Transformation der Landschaft, die Friedrich Eberhard von Rochow entscheidend mitgeprägt hat.

Dabei begriff Rochow die von ihm veränderte Landschaft als Raum für sein menschenfreundliches Handeln im Geiste der Aufklärung. Dieses Wirken muss natürlich auch im Kontext der Bekämpfung der im 18. Jahrhundert allgegenwärtigen Hungerkatastrophen durch Ertragssteigerung im Zuge der Ausdehnung der landwirtschaftlich genutzten Fläche gesehen werden. Das Zeitalter der Aufklärung kann, wie Leben und Werk des Pädagogen, Sozial- und Bildungsreformers, Volksaufklärers, Agrarreformers und märkischen Gutsherrn Friedrich Eberhard von Rochow verdeutlicht, in seiner sehr vielschichtigen historischen Realität weiter erschlossen werden.

Abb. 1: Schloss Reckahn und Renaissancebau, Foto Mathias Barth

Abb 2: Schloss Reckahn Hoffassade, Foto Mathias Barth

Christiane Salge

Kunsthistorische Blicke auf Schloss Reckahn

Aus der Vielzahl an märkischen Herrenhäusern sticht das adelige Wohnhaus in Reckahn mit seinem dreidimensional durchgeformten Baukörper deutlich heraus. (Abb. 1) Obwohl der Name des Architekten des kleinen Schlosses nicht überliefert ist, zeugen Bauform und Fassadengestaltung davon, dass Bauherr und Architekt mit den aktuellen europäischen Architekturströmungen vertraut gewesen sein müssen. In dem folgenden Beitrag soll das Herrenhaus in Reckahn vorgestellt, seine baulichen Besonderheiten herausgearbeitet und der Frage nach dem Schöpfer des außergewöhnlichen Gebäudes nachgegangen werden.[1]

Der zehn Kilometer südlich von Brandenburg gelegene Ort Reckahn war von 1375 bis 1945 durchgängig im Besitz der Familie von Rochow.[2] Von ihrer Herrschaft zeugen noch heute das Schloss mit Gutshof, Park und Erbbegräbnis, aber auch die Kirche mit der Patronatsloge sowie die erste philanthropische Musterschule überhaupt aus dem Jahr 1773.

Ein Rittersitz der von Rochow ist in Reckahn erstmals im Jahr 1605 belegt.[3] Tobias von Rochow (1590-1683), der damalige Kreiskommissar der Zauche, ließ sich in diesem Zusammenhang am westlichen Dorfrand ein neues Wohnhaus errichten.[4] Ein Inventar aus dem Jahr 1662 bezeugt darin folgende Räumlichkeiten: einen Saal, eine große Wohnstube, zwei weitere Stuben und Kammern, eine große und eine kleine Schlafkammer, eine Hofstube, eine Schreib- und Schulstube, ein Flur sowie die Küche mit Speisekammer und Rollstube.[5] Möglicherweise handelt es sich bei diesem alten Herrenhaus um das seitlich des Schlosses gelegene Gebäude mit Schweifgiebel. (Abb. 1) Eine jüngst durchgeführte restauratorische Untersuchung hat aber gezeigt, dass zumindest die Ostfassade (d. h. der Schweifgiebel) aus dem 19. Jahrhundert stammt.[6]

Die eigentliche Baugeschichte des barocken Schlosses[7] begann mit der Übernahme Reckahns durch den preußischen Etats- und Kriegsminister Friedrich Wilhelm (III.) von Rochow (1690-1764),[8] der 1721 die Tochter des Kriegsministers und Generalpostmeisters Friedrich

---

1 Der Aufsatz bezieht sich inhaltlich auf zwei frühere Publikationen, die die Autorin zu Reckahn verfasst hat: Christiane Salge: Das Herrenhaus in Reckahn – Ein „Lustgebäude" in der Mark Brandenburg? In: Peter-Michael Hahn und Hellmut Lorenz (Hrsg.): Studien zur barocken Baukultur in Berlin-Brandenburg. Potsdam 1996, S. 89-110; Dies. und Udo Geiseler, Reckahn. In: Peter-Michael Hahn und Hellmut Lorenz (Hrsg.): Herrenhäuser in Brandenburg und der Niederlausitz. Kommentierte Neuausgabe des Ansichtenwerks von Alexander Duncker (1857-1883). Berlin 2000, Bd. 2, S. 483-486. Weitere Literatur zum Herrenhaus in Reckahn: Hans Joachim Helmigk: Märkische Herrenhäuser aus alter Zeit. Berlin 1929, S. 37-40, 52, 58, 62, 71, 144; Ingetraut Senst: Schloßähnliche barocke Herrenhäuser der Mark Brandenburg in der ersten Hälfte des 18. Jahrhunderts – ein Beitrag zur Entwicklung des märkischen Herrenhauses nach dem Dreißigjährigen Krieg bis 1750. Leipzig 1976 (maschinenschriftl. Diplomarbeit), S. 52-56, 97-99; Markus Alert und Bernd Maether: Reckahn, Schlösser und Gärten der Mark. Berlin 1995. – Im Brandenburgischen Landeshauptarchiv in Potsdam befinden sich Teile des ehemaligen Gutsarchivs (Pr.Br.Rep 37 Reckahne), die eigentlichen Bauakten des Schlosses sind verschollen. – Dem ehemaligen Schulleiter Günther Beckmann sowie dem ehemaligen Pfarrer Gerke Pachali verdanke ich zahlreiche wertvolle Hinweise.

2 Zur Familie der von Rochow siehe: A. F. A. Rochow, Nachrichten zur Geschichte des Geschlechts derer von Rochow und seiner Besitzungen. Berlin 1861.

3 Nordwestlich von dem jetzigen Ort Reckahn soll bis 1420 eine erste Burg namens Duster-Reckahn gestanden haben, deren Wälle und Gräben heute noch erhalten sind.

4 Richard Kieser: Die Zauche erkauft sich nach dem Dreissigjährigen Krieg den Frieden. In: Jahrbuch für brandenburgische Landesgeschichte 12 (1961), S. 85-99. Geschickt trennte Tobias von Rochow seinen neu gegründeten Rittersitz vom Ort ab, in dem er die Plane, die ursprünglich an Reckahn vorbeifloss, verlegte.

5 BLHA Potsdam, Pr.Br.Rep. 37 Reckahne Nr. 413.

6 Udo Drott: Reckahn, altes Herrenhaus, Ostfassade, Dokumentation der restauratorischen Befunderhebung, November 2011. Ich danke Hanno Schmitt für den Hinweis auf diese Untersuchung. Möglicherweise lässt sich der ehemalige Standort des alten Herrenhauses noch in dem Urmesstischblatt Reckahns von 1842 erkennen, wo neben dem Barockbau noch ein rechteckiger Baukörper eingetragen ist.

7 Da es keine eindeutige Definition für die Begriffe Herrenhaus und Schloss bei den adeligen Wohnhäusern der Mark Brandenburg gibt, werden hier beide Bezeichnungen verwendet. Vgl. dazu: Peter-Michael Hahn: Neuzeitliche Adelskultur in der Provinz Brandenburg. In: Hahn und Lorenz 2000, Bd. 1, wie Anm. 1, S. 19-56.

8 Zu Friedrich Wilhelm III. von Rochow vgl.: A. F. A. von Rochow, wie Anm. 2, S. 127; Salge 1996, wie Anm. 1, S. 90, 91.

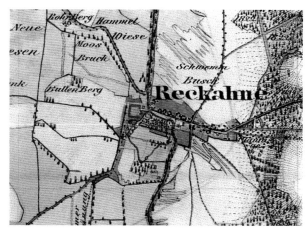

Abb. 3: Reckahn, Urmesstischblatt (Blatt 1971, Göttin) 1842 (Berlin, Staatsbibliothek PK)

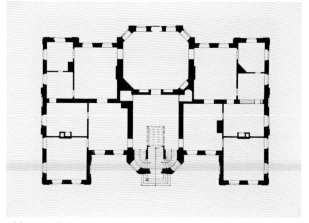

Abb. 4: Reckahn, Erdgeschossgrundriss, Aufnahme vor 1929

von Görne auf Plaue geheiratet hatte. Zur gleichen Zeit dürfte Friedrich Wilhelm an den Bau seines neuen Wohnhauses in Reckahn gegangen sein, in der Familiengeschichte von 1861 heißt es, das Schloss wäre 1729 fertig gestellt gewesen.[9]

Das Herrenhaus befindet sich am westlichen Ende des Straßendorfes Reckahn, ehemals mustergültig an der Schmalseite eines heute nur noch in Teilen erhaltenen rechteckigen Wirtschaftshofes gelegen.[10] (Abb. 3) Der eingeschossige Putzbau mit dem hohen markanten Mansardwalmdach zeichnet sich an Garten- und Hoffassade durch kräftig hervorspringende, überhöhte und polygonal gebrochene Mittelrisalite aus. Dabei weisen Hof- und Gartenseite eine deutlich differenzierte Fassadengestaltung auf: An der dem herannahenden Besucher zuerst zugewandten Gartenfassade (Abb. 1) dominiert der fünfachsige Mittelrisalit deutlich gegenüber den nur eingeschossigen Seiten, die lediglich schwach vorspringende Eckrisalite ausbilden. Während die Seitenvorsprünge durch Pilaster mit eingetieften Spiegeln gegliedert sind, ist der Mittelrisalit durch glatte Kolossallisenen betont. Die ehemals dem Wirtschaftshof zugewandte Hoffassade (Abb. 2) ist ebenfalls dreidimensional durchgeformt, die nur dreiachsige Mitte erhält hier aber in den weit vorspringenden Eckrisaliten mit ihren eigenständigen Mansarddächern gleichwertige Pendants.

Bei der Gestaltung des symmetrisch angelegten Grundrisses fällt die starke Betonung der Mittelachse durch Treppe, Vestibül und achteckigen Gartensaal auf, an die sich seitlich die kleiner werdenden Zimmer anschließen. (Abb. 4) Dabei ist die Verbindung der Räume untereinander durch eine doppelte Enfilade vorbildlich gelöst. Merkwürdig ist jedoch die doppelläufige hölzerne Treppe, welche durch die Schräge des nach oben

führenden Treppenarms den Raumeindruck sowie die Lichtverhältnisse im Vestibül massiv stört.

Die älteste bekannte Darstellung des Schlosses von Reckahn ist eine Lithographie aus dem Ansichtenwerk von Alexander Duncker von 1859/60. Deren Zeichner Hermann Schnee interessierte offensichtlich vor allem die künstlerische Einbettung des Wohnhauses in den Park, da er die schlichte Seitenansicht des Schlosses wählte. (Abb. 5) Eine erste schriftliche Würdigung des Wohnhauses stammt dagegen schon aus dem Jahr 1775. Sie ist relativ unpräzise, in ihr wird aber die inwendige Ausstattung als gut und schön charakterisiert.[11] Aus dem Jahr 1780 hat sich dagegen eine ausführlichere Beschreibung des sogenannten „Sommersaals" des Schlosses im Obergeschoss erhalten: „Auf der einen Seite eine ausgesuchte Bibliotheck von den besten Schriften über die Religion, praktische Philosophie, Naturgeschichte – Erziehungskunst und Literatur – auf

Abb. 5: Reckahn, Ansicht, Lithographie nach einer Zeichnung von H. Schnee, 1859/60 (aus A. Duncker, Ländliche Wohnsitze ..., Bd. 2)

9   A. F. A. von Rochow, wie Anm. 2, S. 128.
10 Ein großer Teil des ehemaligen Wirtschaftshofs in Reckahn ist 1947/48 abgerissen worden (BLHA Potsdam, Pr.Br.Rep 208 Nr. 4284, S. 116; zit. nach Alert und Maether, wie Anm. 1, S. 5).
11 Anton Friedrich Büsching: Beschreibung seiner Reise von Berlin über Potsdam nach Rekahn unweit Brandenburg, welche er vom dritten bis achten Junius 1775 gethan hat. Leipzig 1775, S. 217. „Das jetzige Haus Rekahn, ist ein wohlgebautes steinernes Gebäude, welches die untersten halb unter der Erde liegenden Wohnungen ungerechnet, zwey Stockwerke, und inwendig nicht nur eine gute Einrichtung, sondern auch eine schöne Ausmeublirung hat." Online unter: http://digital.slub-dresden.de/werkansicht/dlf/2032/1/cache.off, Stand 14. 01. 2015.

Abb. 6: Reckahn, Kirche, Zeichnung von 1806
nach Entwurf von J. C. Heinß (1739)
(Brandenburg, Domstiftsarchiv Pä 169/B 579 A2)

dreiseitig geschlossenem Ostchor und einem Westturm
mit einer für die Gegend untypischen Zwiebelhaube
weist eine qualitätvolle Putzgliederung an den Seiten-
fassaden auf. Im Unterschied zum Herrenhaus ist hier
der Architektenname bekannt, es handelt sich um
Joachim Christoph Heinß (1697-1771), den Mathematik-
lehrer und späteren Direktor der Ritterakademie in
Brandenburg an der Havel.[14] Aufgrund seiner Vertraut-
heit mit der modernen Berliner Formensprache wäre es
naheliegend, in ihm auch den Architekten des Herrenhauses anzunehmen.

Auffallend an dem Bau in Reckahn ist die geringe
Anzahl an Räumen. Friedrich Wilhelm von Rochow
baute sich kein typisches schlossähnliches Herrenhaus,
wie sie etwa in gleicher Zeit in unmittelbarer Nachbar-
schaft sein Schwiegervater von Görne in Plaue (1711-1716),
von Katte in Roskow (1723-1727) oder sein Verwandter
Christoph Daniel von Rochow in Golzow (1728) errichtet hatten.[15] Diese Herrenhäuser verfügten aufgrund

der andern eine Sammlung ausgesuchter Kupferstiche –
auf der dritten, musikalische Instrumente; von der
vierten, eine herzerhebende Aussicht in Gottes schöne
Schöpfung – in den durchaus zum Nutzen angelegten Garten. Oben an des Saals Decke ein erbauendes
geschmackvolles Gemählde des Morgens und in demselben die Worte aus Gellerts Morgenliede: Mein erst
Gefühl sey Preis und Dank!"[12] Diese heute nicht mehr
erhaltene Ausgestaltung geht aber nicht mehr auf
Friedrich Wilhelm III. sondern seinen Sohn Friedrich
Eberhard von Rochow zurück, der die Güter 1760 von
seinem Vater übernahm. Friedrich Eberhard hat sich
v. a. durch seine aufklärerische Lebenshaltung und sein
pädagogisches Wirken für Reckahn verdient gemacht.[13]

Auch die dem Herrenhaus axial gegenübergestellte
Reckahner Kirche ließ Friedrich Wilhelm von Rochow
1739 neu errichten. (Abb. 6) Der Rechteckbau mit

12 Nachricht von den Schulen, welche der Domherr von Rochow auf
    seinen Rittergütern Reckahn und Stettin unweit der Stadt Bran-
    denburg angelegt hat. In: Jakob Friederich Feddersen: Nachrich-
    ten von den gut gesinnten Menschen, Bd. III. Speier 1780, S. 59-72
    (Zitat, S. 66, 67). Ich danke Hanno Schmitt (Potsdam) für den
    Hinweis auf diese Textstelle.
13 Zum Wirken Friedrich Eberhard von Rochows in Reckahn vgl.:
    Hanno Schmitt und Frank Tosch (Hrsg.): Vernunft fürs Volk.
    Friedrich Eberhard von Rochow im Aufbruch Preußens. Berlin
    2001; Silke Siebrecht: Friedrich Eberhard von Rochow: Domherr
    in Halberstadt, praktischer Aufklärer, Schulreformer, Publizist.
    Handlungsräume und Wechselbeziehungen eines Philanthropen
    und Volksaufklärers in der zweiten Hälfte des 18. Jahrhunderts.
    Bremen 2013; Hanno Schmitt und Holger Böning: Dessau-Wörlitz
    und Reckahn. Treffpunkte für Aufklärung, Volksaufklärung und
    Philanthropismus. Bremen 2014.

14 Der Name des Architekten ist aus der Reckahner Turmknopf-
    urkunde bekannt, die im Pfarramt in Krahne aufbewahrt wird.
    Ich danke Gerke Pachali (Krahne) für diesen Hinweis. Zu Joachim
    Christoph Heinß siehe: Gisela Wall: Joachim Christoph Heinß
    (1697-1771). Direktor der Ritterakademie, Mathematiker, Astro-
    nom und Architekt. Zur Restaurierung seines Grabdenkmals. In:
    Jahresbericht des Historischen Vereins Brandenburg (Havel) e.V.,
    N.F. 11 (2002), S. 97-109. Der Text der Turmknopfurkunde lautet:
    „Nachdem die vormahls alhier in Reckahn gestandene Kirche,
    welche von Holtz mit ausgemauerten Fächern erbauet war und
    einen höltzernen mit Brettern verschlagenen Thurm hatte, baufäl-
    lig worden: so haben Sr. Excellentz der hochwohlgeborene Herr
    Friedrich Wilhelm von Rochow, […], wie auch seine Gemahlinn
    die hochwohlgeborene Frau Friderica Eberhardina, geborene von
    Görne aus dem Hause Plaue sich entschloßen zur Ehre Gottes auf
    eben diesen Ort gegenwärtiges Gebaude gantz von Steinen, wel-
    che auf hiesigen Güthern gestrichen und gebrant sind, aufführen
    zu laßen; woran der Grundstein im Jahr nach Christi Geburth 1737.
    von hochgedachter Sr. Excellentz selbst geleget, und der gantze
    Bau Anno 1739 unter Göttlichem Beystand glücklich vollendet
    worden.[…] Joachim Christoph Heinsius, Mathematicus des Ritter
    Colleg zu Brandenburg und Architect dieser Kirche."
15 Vgl. zu diesen Herrenhäusern die entsprechenden Artikel: Hahn
    und Lorenz 2000, Bd. 2, wie Anm. 1, S. 196-199, 451-457, 516-518.
    Zur Architektur der Herrenhäuser in Brandenburg siehe: Hell-
    mut Lorenz, Zur Architekturgeschichte der Herrenhäuser in

Abb. 7: Berlin, Landhaus Kameke, Gartenseite, Andreas Schlüter, 1711/12, Foto vor 1940

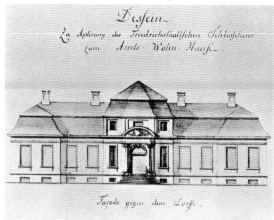

Abb. 9: Friedrichsthal bei Oranienburg, Lustschloss, Auf- und Grundriss, Bauzeichnung 1764

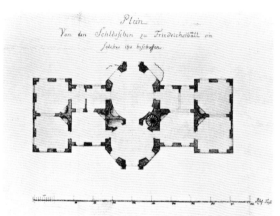

ihrer Größe und Zweigeschossigkeit über mehr als 20 Zimmer, unterscheiden sich somit deutlich von dem in seinen Ausmaßen viel kleineren, eingeschossigen Bau in Reckahn, welches ehemals zehn Zimmer mit vier Kammern besaß. Warum sich Friedrich Wilhelm von Rochow so einen kleinen außergewöhnlichen Bau hat errichten lassen, ist unklar – vielleicht war Reckahn anfangs nur als Sommersitz für den kurzen Aufenthalt auf dem Land gedacht. Denn in Berlin wohnte von Rochow in dem repräsentativen Vockerodtischen Wohnhaus am Molkenmarkt, welches der kurfürstlich brandenburgische Hofarchitekt Johann Arnold Nering (1659-1695) erbaut hatte und – wie es 1756 heißt – „an Auszierung und Ordnung alle übrigen in dieser Gegend gelegene Häuser" übertroffen haben soll.[16]

Auch in der baukörperlichen Akzentuierung der hervorspringenden Mittelrisalite weicht Reckahn sehr stark von der typischen „Kastenform" brandenburgischer Herrenhäuser ab und erinnert an Bauten der Zeit um 1700, vor allem an die Villa Kameke von Andreas Schlüter (1659/60-1714) in Berlin (1711/12).[17](Abb. 7) In dem sehr spielerischen Umgang mit architektonischen Formen, der Belebung durch Zierrat und der schwingenden Wandgestaltung weicht Schlüters spezifische Architekturauffassung aber stark von Reckahn ab. Dessen sehr flächige Gliederung durch Putzlisenen und Spiegel ähnelt wiederum eher der strengen Linienführung, die vor allem von dem Berliner Architekten Philipp Gerlach (1679-1748) bevorzugt wurde.[18] So weist das von ihm um 1715 entworfene Berliner Kommandantenhaus eine so frappierende Ähnlichkeit mit der Reckahner Hoffassade auf, das hier von einer direkten Beeinflussung ausgegangen werden muss[19] (Abb. 8).

Typologisch entspricht der eingeschossige Reckahner Bau mit symmetrisch komponiertem, sich durch geschickte Raumverbindungen auszeichnendem Grundriss, mittig vorspringendem Risalit sowie der direkten Verbindung vom Saal in den Garten der

---

Brandenburg und der Niederlausitz. In: Hahn und Lorenz 2000, Bd. 1, wie Anm. 1, S. 57-80.

16 Georg Gottfried Küster: Des Alten und Neuen Berlin, Abt. III. Berlin 1756, S. 65/66. Die Zuschreibung an Nering bei: Friedrich Nicolai: Beschreibung der Königlichen Residenzstädte Berlin und Potsdam und aller daselbst befindlicher Merkwürdigkeiten, Bd. 1. Berlin 1779, S. 9.

17 Dieser Zusammenhang zwischen Reckahn und der Villa Kameke erstmals bei: Senst 1976, S. 72. Auch im Dehio Brandenburg (Handbuch der Deutschen Kunstdenkmäler, München/Berlin 2000, S. 916) wird der Bau in die „Schlüter-Nachfolge" gestellt. Zu Schlüter siehe: Hans-Ulrich Kessler: Andreas Schlüter und das barocke Berlin, Katalog zur Ausstellung „Schloss-Bau-Meister. Andreas Schlüter und das Barocke Berlin" im Bode-Museum. München 2014 (darin Julia Kloss-Weber: Die Villa Kameke. Formwerdung in Architektur und Skulptur, S. 416-435). Vgl. auch: Hellmut Lorenz: Andreas Schlüters Landhaus Kameke in Berlin. In: Zeitschrift für Kunstgeschichte 56 (1993), S. 153-172.

18 Zu Philipp Gerlach siehe: Friedrich Mielke: Philipp Gerlach. In: Neue Deutsche Biographie 6 (1964), S. 302, 303; Gerhild H.M. Komander: Philipp Gerlach. Lebenslauf und Werküberblick, Online unter: http://www.diegeschichteberlins.de/geschichteberlins/persoenlichkeiten/persoenlichkeiteag/455-gerlach.html, Stand 14.01.2015.

19 Im Kommandantenhaus ist die Treppe ebenso wie in Reckahn in den vorspringenden Risalit gesetzt.

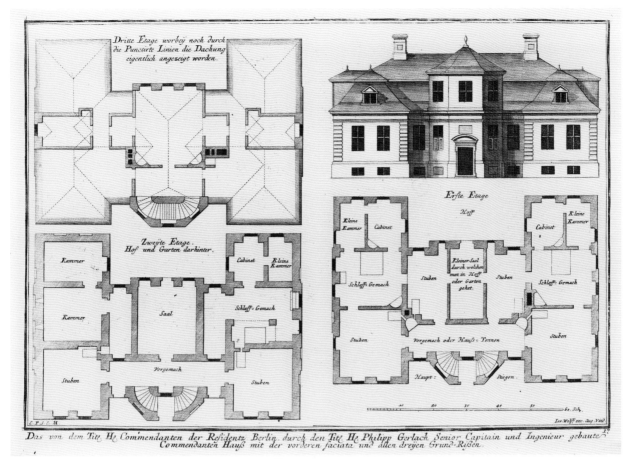

Abb. 8: Berlin, Kommandantenhaus, Philipp Gerlach d. Ä., Aufriss und Grundrisse, 1709–1716

französischen „Maison de Plaisance"[20], die sich während der Regierungszeit Friedrichs III./I. großer Beliebtheit in Berlin und Brandenburg erfreute. Wichtigstes Beispiel für diese kleinen Lustschlösser, die für den temporären Aufenthalt auf dem Land errichtet wurden, war das kleine Schlösschen Friedrichsthal bei Oranienburg, welches Nering für den Kurfürsten Friedrich III. um 1695 errichtet hatte[21] (Abb. 9). Vergleichbar mit Reckahn sind hier der dreidimensional durchgeformte Baukörper, die symmetrische Grundrisslösung mit betonter Mittelachse und doppelter Enfilade sowie das über der Mitte aufgesetzte Geschoss. Das Reckahner Herrenhaus stellt aber mit der Differenzierung zwischen Hof- und Gartenseite und der Einbindung der

Treppenanlage in der Mittelachse eine Weiterentwicklung des Friedrichsthaler Lusthaustypus dar.

Als Architekt des Reckahner Schlosses kommt Andreas Schlüter aufgrund der späten Bauzeit aber auch gewisser baulicher Schwächen, wie der zwar sehr originellen aber architektonisch wenig befriedigenden Treppenlösung in Reckahn, nicht in Frage. Die Idee für den ungewöhnlichen Bautypus könnte auch auf den Bauherr Friedrich Wilhelm von Rochow zurückgehen, der aufgrund seiner gehobenen Stellung in der preußischen Verwaltungsbehörde Einblick in die Bauvorhaben des preußischen Hofes gehabt haben dürfte. Vielleicht hat er einen Berliner Architekten (Philipp Gerlach?) um einen entsprechenden Entwurf gebeten, den er sich dann von einem heimischen Baumeister hat umsetzen lassen. Nicht auszuschließen ist aber auch, dass der am Reckahner Kirchengebäude tätige Heinß für den Bau des Herrenhauses verantwortlich zeichnet. Der Architekt des Reckahner Herrenhauses muss auf jeden Fall mit den Berliner Bautraditionen gut vertraut gewesen sein, anders lassen sich die Parallelen zu den oben erwähnten Gebäuden nicht erklären.

20 Zur Herleitung des Typus des französischen Lustschlosses und dessen Weiterentwicklung in Deutschland vgl.: Dietrich von Frank: Die „maison de plaisance". Ihre Entwicklung in Frankreich und Rezeption in Deutschland. Dargestellt an ausgewählten Beispielen (=Beiträge zur Kunstwissenschaft 27). München 1989; Monika Hartung: Die Maison de Plaisance in Theorie und Ausführung. Zur Herkunft und seiner Renaissance im Rheinland. Aachen 1988.

21 Zu Friedrichsthal siehe: Wilhelm Boeck: Oranienburg. Geschichte eines preußischen Königsschlosses. Berlin 1938, S. 98, 99. Zum Typus des preußischen Lustschlosses siehe: Salge 1996, wie Anm. 1, S. 96-100. Der Lusthaustypus hatte durch die Übernahme in diverse Vorlagenwerken Anfang des 18. Jahrhunderts eine große Verbreitung gefunden. Vgl.: Johann Vogel: Die Moderne Baukunst. Hamburg 1708 (Tafel XII „Palais mit einem gebrochenen Dach"); Johann Friedrich Nette: Adeliche Land- und Lust-Häusser, nach Modernen Gout. Augsburg 1710 (Tafel 2, 4, 14).

Frank Tosch

„Der Anblick eines schönen Gartens"[1] und die
„freye Natur [...als] beste Lehrmeisterin"[2]

Der Reckahner Gutspark zwischen Nützlichem und Schönem in Geschichte und Gegenwart

Wer über Friedrich Eberhard von Rochow (1734-1805) spricht, denkt an das 8 km südlich von Brandenburg/Havel gelegene Reckahn mit dem Rochow-Museum und dem Schulmuseum, jedoch kaum an den dort vorhandenen *Gutspark* und den hier angelegten *Rochow-Wanderweg*. Der im 18. Jahrhundert entstandene, ca. 21 ha umfassende Reckahner Gutspark[3] ist ein zentrales Element der Übersetzung und Gestaltung einer philanthropisch-aufklärerischen Idee, dessen Gestaltungskonzept auch das Ergebnis eines lebendigen freundschaftlichen Bandes zwischen Fürst Leopold III. Friedrich Franz von Anhalt-Dessau (1740-1817), der das *Dessau-Wörlitzer Gartenreich*[4] schuf, und Friedrich Eberhard von Rochow. Der ca. 10 km lange Rochow-Wanderweg ist seit 2007 als Rundweg gestaltet. Er nimmt seinen Ausgangspunkt in Reckahn und verbindet unter Einbeziehung des Gutsparks markante Orte der ehemaligen Gutsherrschaft des Reformers.

Ein Blick zurück

Im Jahre 2001 konnte nach Sanierung des Rochowschen Herrenhauses das Rochow-Museum mit der Dauerausstellung „Vernunft fürs Volk – Friedrich Eberhard von Rochow im Aufbruch Preußens"[5] im Ortsteil Reckahn der Gemeinde Kloster Lehnin eröffnet werden. 141 000 Besucher haben seither diese museale Einrichtung gemeinsam mit dem Rochowschen Schulhaus von 1773 (seit 1992 Schulmuseum) besucht.

In den Jahren 2004/05 hat die Gemeinde Kloster Lehnin als Bauherr im Rahmen des Dorferneuerungsprogramms Teile des Reckahner Gutsparks mit einem Gesamtvolumen von 143 000 €[6] wiederhergestellt. Mit diesem Projekt waren die *Umsetzung eines Kulturellen Gestaltungskonzepts und die Anlage eines Informationssystems im Gutspark* verbunden. Der Park ist das verbindende Element der beiden Museen einschließlich der Barockkirche und stellt die landschaftsbezogene Ensemblewirkung dieses kulturhistorischen Areals her.

Das Reckahner Reformprojekt im 18. Jahrhundert und die Museen heute

Friedrich Eberhard von Rochow hatte als märkischer Gutsherr, Erziehungsschriftsteller („Der Kinderfreund" 2 Teile 1776/79[7]) und Agrarreformer (1. Vorsitzender der

---

1 Anton Friedrich Büsching: Beschreibung seiner Reise von Berlin über Potsdam nach Reckahn unweit Brandenburg, welche er vom dritten bis achten Junius 1775 gethan hat. Frankfurt/Leipzig ^{2}1780, S. 253.

2 Johann August Ephraim Goeze: Eine kleine Reisebeschreibung zum Vergnügen der Jugend. Leipzig 1784, S. 69.

3 Vgl. die bislang vorliegenden Gartenstudien: Heike Mortell i.A. der Gemeinde Reckahn: Gutspark Reckahn. Gartenhistorische Studie. Potsdam/Reckahn 1993 (Man.); Heike Mortell; Chris Rappaport: Gutspark Reckahn (= Arbeitsmaterialien Nr. 1. Veröffentlicht anlässlich der Tagung der Ortschronisten Potsdam Mittelmark am 14.01.98 in Schloß Reckahn). Groß Kreutz 1998. (Man.); Anke Matthesius: Gutspark Reckahn. Quellenrecherche. Zusammenfassung Entwicklungsgeschichte. Berlin 2004 (Man.); Jörg Saupe i.A. der Gemeinde Kloster Lehnin: Gutspark Reckahn. Pflegekonzept, Aufmaß und Dokumentation. Berlin 2005 (Man.); ferner: Reckahn. Schlösser und Gärten der Mark. Für den „Freundeskreis Schlösser und Gärten der Mark" in der Deutschen Gesellschaft e.V.; hrsg. v. Sybille Badstübner-Gröger. Berlin ^{2}2002.

4 Vgl. Erhard Hirsch: Dessau-Wörlitz. Aufklärung und Frühklassik. „Zierde und Inbegriff des 18. Jahrhunderts" (= Kulturreisen in Sachsen-Anhalt; Bd. 5). Halle 2006.

---

5 Vgl. Hanno Schmitt; Frank Tosch (Hrsg.): Vernunft fürs Volk. Friedrich Eberhard von Rochow im Aufbruch Preußens. Berlin 2001.

6 Das waren 100 000 € Fördermittel im Rahmen der Richtlinie des Ministeriums für Ländliche Entwicklung, Umwelt und Verbraucherschutz für die Förderung der integrierten ländlichen Entwicklung vom 12. Mai 2004 sowie 43 000 € Kofinanzierungsmittel der Gemeinde Kloster Lehnin.

7 Vgl. Friedrich Eberhard von Rochow: Der Kinderfreund. Ein

Märkischen Ökonomischen Gesellschaft zu Potsdam 1792 [8]) im letzten Drittel des 18. Jahrhunderts schnell erkannt, dass die Durchsetzung sanfter Reformen v. a. an eine elementar gebildete ländliche Bevölkerung gebunden war. [9] In der von ihm auf eigene Kosten errichteten Schule wurde mit dem Lehrer Heinrich Julius Bruns (1746-1794) eine bahnbrechende Landschulreform in seiner Gutsherrschaft – 30 Jahre vor den preußischen Reformen – eingeleitet und pädagogisch verwirklicht. [10] Schon kurz nach ihrer Gründung avancierte die Rochowsche Schule in Reckahn zum ‚Muster aller Landschulen‘. In ihr wurden alle Bauernmädchen und -jungen mit kinderfreundlichen philanthropischen Inhalten und Methoden unterrichtet. Die Folge war, dass diese Schule – unmittelbar neben der Barockkirche (1739) (siehe Beitrag Salge) am Gutspark gelegen – zum Pilgerort eines frühen reformpädagogisch geprägten Unterrichts wurde, den im letzten Drittel des

18. Jahrhunderts über 1 000 Besucher – auch aus weiten Teilen Europas – hospitierten. [11] Mit dem Rochowschen Reformprojekt begann im ländlichen Raum die flächendeckende Alphabetisierung und Elementarbildung der Landschulkinder in Preußen.

Zur Reckahner Parkidee im Zeichen der Aufklärung

Kein Geringerer als der preußische Minister für Kirchen- und Schulsachen Karl Abraham von Zedlitz (1731-1793), der die Reckahner Musterschule am 25. Mai 1779 mit seinem Sekretär Johann Erich Biester (1749-1816) besucht hatte, kommt in einer Korrespondenz mit F. E. von Rochow ins Schwärmen, wenn er berichtet, dass sie „an dem schönen Sommerabend so ruhig und so heiter wie der stille Bach [die Plane – F. T.][,] auf dem wir fuhren[,] die Annehmlichkeit der Natur aus der ersten Hand genoßen. Mein guter Biester und ich denken noch sehr oft an die schönen Rekanschen Stunden." [12] Und ganz offensichtlich noch einmal in Gedanken an Reckahn, teilte Zedlitz Rochow am 27. November 1779 sein Bedauern mit, dass aus „der Jagd [...] diesen Herbst nichts [wird]" [13].

Naturgenuss war zweifellos ein treibendes Motiv für eine Gartenentwicklung, die um 1770/80 in Reckahn ihre erste Blüte erlebt haben muss. Die Anfänge der Gutsparkanlage dürften auf die frühe Umfeldgestaltung des vom preußischen Minister Friedrich Wilhelm von Rochow (1690-1764) bis 1729/30 erbauten Herrenhauses (siehe Beitrag Salge) zurückgehen. [14] Dieser war

Lesebuch zum Gebrauch in Landschulen. Faksimiledruck der Ausgabe Brandenburg und Leipzig 1776. Mit einem Nachwort von Hanno Schmitt (= Quellen und Studien zur Berlin-Brandenburgischen Bildungsgeschichte; Bd. 1). Berlin 2003; Ders.: Der Kinderfreund. Zweyter Theil. Faksimiledruck der Ausgabe Brandenburg und Leipzig 1779. Mit einem Nachwort von Frank Tosch (= Quellen und Studien zur Berlin-Brandenburgischen Bildungsgeschichte; Bd. 3). Berlin 2006.

8 Vgl. Frank Tosch: Programm, Praxis und Personen der Märkischen Ökonomischen Gesellschaft zu Potsdam um 1800. In: Hanno Schmitt; Holger Böning; Werner Greiling; Reinhart Siegert (Hrsg.): Die Entdeckung von Volk, Erziehung und Ökonomie im europäischen Netzwerk der Aufklärung (= Philanthropismus und populäre Aufklärung – Studien und Dokumente; Bd. 1). Bremen 2011, S. 305-332.

9 Vgl. Hanno Schmitt: Der sanfte Modernisierer Friedrich Eberhard von Rochow. Eine Neuinterpretation. In: Hanno Schmitt; Frank Tosch (Hrsg.): Vernunft fürs Volk, wie Anm. 5, S. 11-33; Frank Tosch: ‚Beförderung der Nahrungsgeschäfte‘ und ‚Bildung des Menschen‘ – Friedrich Eberhard von Rochow und die Märkische Ökonomische Gesellschaft zu Potsdam. In: Hanno Schmitt; Frank Tosch (Hrsg.): Vernunft fürs Volk, wie Anm. 5, S. 59-71; Frank Tosch: Der Aufklärertypus Friedrich Eberhard von Rochow (1734-1805) und die Märkische Ökonomische Gesellschaft zu Potsdam. In: Marcus Popplow (Hrsg.): Landschaften agrarisch-ökonomischen Wissens. Strategien innovativer Ressourcennutzung in Zeitschriften und Sozietäten des 18. Jahrhunderts (= Cottbuser Studien zur Geschichte von Technik, Arbeit und Umwelt; Bd. 30). Münster/New York/München/Berlin 2010, S. 155-173.

10 Vgl. Frank Tosch (Hrsg.): „Er war ein Lehrer". Heinrich Julius Bruns (1746-1794). Beiträge des Reckahner Kolloquiums anläßlich seines 200. Todestages (= Quellen und Studien zur Berlin-Brandenburgischen Bildungsgeschichte; Bd. 2). Potsdam 1995; Frank Tosch: Zur Entdeckung von Kindheit und Jugend an Rochows philanthropischer Musterschule in Reckahn. In: Kulturland Brandenburg e. V., Potsdam (Hrsg.): Kindheit in Brandenburg. Leipzig 2013, S. 30-39.

11 Vgl. Johanna Goldbeck: Volksaufklärerische Schulreform auf dem Lande in ihren Verflechtungen. Das Besucherverzeichnis der Reckahner Musterschule Friedrich Eberhard von Rochows als Schlüsselquelle für europaweite Netzwerke im Zeitalter der Aufklärung (= Philanthropismus und populäre Aufklärung – Studien und Dokumente; Bd. 7). Bremen 2014.

12 Karl Abraham Zedlitz (o. D.) In: Domstiftsarchiv Brandenburg, Depositum: Pfarrarchiv Golzow Sign: Gol 4 / 26, Rochow Correspondenz 1799, hier S. 208 f. Ich danke Frau Dr. Anke Lindemann, Marburg, für das Zitat mit dem Quellennachweis.

13 Karl Abraham Zedlitz an Friedrich Eberhard von Rochow: Brief vom 27. November 1779. In: Fritz Jonas; Friedrich Wienecke (Hrsg.): Friedrich Eberhard von Rochows sämtliche pädagogische Schriften. IV. Bd. Berlin 1910, S. 246-247 [Nr. 153], hier S. 247.

14 Vgl. Christiane Salge: Das Herrenhaus in Reckahn – Ein „Lustgebäude" in der Mark Brandenburg? In: Peter-Michael Hahn; Hellmut Lorenz (Hrsg.): Studien zur barocken Baukultur in Berlin-Brandenburg. Potsdam 1996, S. 89-110.

Abb. 1: Ehemalige Orangerie am Parkeingang –
neben Herrenhaus (Foto um 1910)

der Vater von Friedrich Eberhard. Im Jahre 1741 wurden in einem Heerlager Friedrichs II. mit 42 000 Mann im Ersten Schlesischen Krieg große Teile der Reckahner Feldmark verwüstet und die Wälder abgeholzt. „Was ein solches über 1 Jahr dauerndes Feldlager bedeutete, läßt sich kaum ermessen, die Wälder geschlagen, die Felder zerstampft, das Flüßchen Plane durch Tränken der Pferde vollständig aus seinem Bett gebracht, überschwemmte weite Strecken der Feldmark."[15] Mit der Sanierung des Familienbesitzes wurde der Garten entlang des Flüsschens Plane neu angelegt.

1760 übernahm Friedrich Eberhard von Rochow die Gutsherrschaft. Dabei hatten sein freundschaftlicher Kontakt und das gemeinsame Jagdinteresse mit Franz von Anhalt-Dessau inspirierend auf die *Gestaltung der Reckahner Parkanlage nach dem englischen Stil des Wörlitzer Gartenreiches* gewirkt. „Wie in dem für Brandenburg in vielerlei Hinsicht als Vorbild dienenden Park von Wörlitz wies auch der Gutspark in Reckahn eine charakteristische Verbindung von Nutz- und Ziergarten und die Einbeziehung landwirtschaftlich genutzter Flächen in die gartenkünstlerische Komposition auf"[16]. Der Naturraum wurde unter Einbeziehung nutzbringender Äcker und Wiesen als Ideal der „schönen Gartenkunst"[17] empfunden. In diesem Sinne war spätestens im letzten Drittel des 18. Jahrhunderts *eine zweiteilige Parkgestaltung* erkennbar.

Unmittelbar am Herrenhaus entlang der Plane befand sich ein barocker, sogenannter „*Lustgarten*", der ein *künstlerisch gestalteter Obst- und Küchengarten* mit Zierwert war. Schon 1762 wurde der Verkauf von Obst und Gartenfrüchten und 1777 wurden namentlich Zitronen und Pomeranzen in den Gutsakten erwähnt.[18] Später gehörte eine kleine Orangerie zum Gutshof, die bis kurz nach dem Zweiten Weltkrieg existierte.

Südlich vom „*Lustgarten*" schloss sich der 1777 erstmals in Kartendarstellungen erwähnte sogenannte „*Thiergarten*" an, der in *Gehölzpartien und Wiesen* gegliedert war. Er wurde als *Wildgehege und für die Holz- bzw. Heugewinnung* genutzt.

Es ist wohl kein Zufall, dass es *authentische Berichterstattung*en von Zeitzeugen gibt, die ein detailliertes Bild über die Rochowsche Parkanlage der 1770er bzw. 1780er Jahre entstehen lassen. So hielt der Berliner Oberkonsistorialrat Anton Friedrich Büsching (1724-1793) nach einem mehrtägigen Aufenthalt bei den Rochows Anfang Juni 1775 fest, dass in Haus und Garten „beydes zum Nutzen und Vergnügen vortheilhaft eingerichtet [ist]"[19]. Erkennbar wird, dass für beide Parkteile mit ihren vielfältigen Sichtbeziehungen in die offene und weite Landschaft sowohl eine *ökonomisch-nutzbringende Dimension* als auch eine *ästhetisch, sinnlich befriedigende und schöne Seite der Gartenidee* als verbindendes Grundmotiv artikuliert wurde. Beide Parkareale waren frühe Elemente einer Landschaftsgestaltung am Vorbild der Natur. So hielt Büsching für den 4. Juni 1775 fest:

> *„Früh Morgens als eben die Sonne aufgegangen war, erwachte ich schon wieder von dem süssen Schlaf [,] der mich erquickt und gestärkt hatte, und hörete sogleich die lieblichen Töne des anmuthigen Sängers Nachtigall. Schnell verließ ich das Bette, und öfnete ein Fenster, und Augen und Ohren wurden auf eine unbeschreibliche Weise*

15 Reckahn, Mark Brandenburg (Unser Titelbild). In: Deutsches Adelsblatt. Mitteilungsblatt der Vereinigung der Deutschen Adelsverbände 7 (1968) 1, v. 15.01.1968, o. S.

16 Denkmale in Brandenburg. Landkreis Potsdam-Mittelmark. Teil 1: Marie-Luise Buchinger; Marcus Cante: Nördliche Zauche (= Denkmaltopographie Bundesrepublik Deutschland; Bd. 14.1). Worms 2009, S. 43.

17 Michael Niedermeier: Das Gartenreich Dessau-Wörlitz als kulturelles und literarisches Zentrum um 1780 (= Zwischen Wörlitz und Mosigkau. Schriftenreihe zur Geschichte der Stadt Dessau und Umgebung; H. 44). Dessau 1995, S. 5.

18 Vgl. BLHA Rep. 37, Nr. 261, 219. In: Anke Matthesius: Gutspark Reckahn, wie Anm. 3, S. 3 f.

19 Anton Friedrich Büsching: Beschreibung seiner Reise von Berlin über Potsdam nach Reckahn, wie Anm. 1, S. 256.

Abb. 2: Die neue Plane umfließt den Reckahner Gutspark

belustiget. Der Anblick eines schönen Gartens, und des heitern Himmels, und der eben über den Horizont erhobenen Sonne, war unbeschreiblich reizend, und der nun noch deutlichere Gesang der Nachtigall, war entzückend. Meine gerührte Seele lobete den Herrn, den allmächtigen Schöpfer aller Dinge, und gütigen Vater seiner Menschen. Hierauf fieng ich an, das Pyrmonter Wasser zu trinken, zog mich zugleich an, und suchte mit der Wasser-Bouteille und dem Glase in der Hand, einen Eingang zu dem Garten. Ich fand ihn bald, durchstrich diesen angenehmen Garten, und entdeckte in demselben einen hölzernen Thurm, der mir eine schöne Aussicht versprach. Begierig, derselben zu genießen, begab ich mich in diesen Thurm, bestieg ihn bis in seine oberste Abtheilung, und öfnete die Laden, welche mir die gewünschte Aussicht verschaffen konnten. Welches Vergnügen! als ich meine Hofnung erfüllt, und nach allen vier Gegenden der Welt, weit über Wiesen und Felder, Ebenen und Hügel, Büsche und Wälder, Dörfer und Vorwerke, weg, unter mir aber gegen Westen auf einer geräumigen und eingeschlossenen Wiese, ein Dutzend Hirsche sahe, welche hier geheget werden!"[20]

Das Flüsschen Plane (Abb. 2) ist ein weiteres – bis heute – maßgeblich Park und Landschaft (siehe Beiträge Geier und Schmitt) prägendes Element.

Das von Büsching beschriebene Gartenbild lässt sich mit einer neun Jahre später – nun vom Pastor der Kirche St. Blasii in Quedlinburg Johann August Ephraim Goeze (1731-1793) (Abb. 3) – verfassten Schrift „Eine kleine Reisebeschreibung zum Vergnügen der Jugend" (1784)[21] weiter detailliert rekonstruieren. Goeze legt auf der Basis seines elftägigen Aufenthaltes vom 7. bis 17. Juli 1784 bei den Rochows die wohl beste zeitgenössische Beschreibung des „ungekünstelt schönen

Gartens"[22] der Reckahner Gutsherrschaft vor. Über den Nahraum des Gartens unmittelbar am Rochowschen Herrenhaus schreibt Goeze:

„*Er umgiebt auf der einen Seite fast das ganze niedliche Haus, wie ein halber Mond. Wo die Thür des großen Saals herausgeht, sind Terrassen, Wacholderhecken, Taxusbäume, und gleichsam ein kleiner Lustgarten, den die Kunst, doch ohne große Pracht, angelegt hat.
Der eigentliche Eingang führt vom Hofe herein. Und da kömmt man gleich aus einem Hauptgange in den andern. Der Garten ist von beträchtlicher Größe. Und hier ist alles, was die, durch eine gute Oekonomie verbesserte Natur, geben kann*".[23]

Goeze weist in seiner Beschreibung auf zentrale Elemente des Reckahner Parks hin: eine „schattige, große Rüsterlaube", ein „Schießstand" zum „Scheibenschießen", ein „Quadratteich"[24], der über einen langgestreckten Teichgraben im Park mit der Plane verbunden war. „Ueber den Teich führt eine Brücke, auf welcher man die Fische füttern kann. Das ist eine Lust. Da kommen dann ziemliche Karpfen, und andere Fische"[25]. „Von der Brücke kömmt man auf die Wiese. An derselben stehen zwey amerikanische Pappeln von unglaublicher Höhe."[26] Wiederum wird der schon bei Büsching genannte Turm erwähnt und als ein mit kleinen Zimmern eingerichteter Turm mit obiger „Bühne oder das Observatorium, wo man in alle Himmelsgegenden eine entzückende Aussicht hat"[27], charakterisiert. Zur Parkausstattung gehörten aber auch ein „mit Zweigen zugewölbter, dunkler Gang"[28], der sogenannte

20 Ebd., S. 253 f.
21 Vgl. Johann August Ephraim Goeze: Eine kleine Reisebeschreibung zum Vergnügen der Jugend, wie Anm. 2.

22 Ebd., S. 66.
23 Ebd., S. 66 f.
24 Ebd., S. 67.
25 Ebd., S. 68.
26 Ebd.
27 Ebd., S. 67 f.
28 Ebd., S. 68.

„Poetengang", der zu „einer großen freyen Laube"[29] führte, die zum Ausruhen diente bzw. einen Raum bieten sollte, um „seinen Gedanken recht ungestört nach[zu]h[ä]ngen."[30] „Gleich neben dieser Laube ist der Ausgang aus dem Garten über die Plane ins freie Feld. Hier ist dicht an der Plane eine kleine angenehme Laube angelegt, und auf der Brücke sind Bänke. Eine charmante Aussicht."[31]

Abb. 3:
Johann August
Ephraim Goeze,
Elfenbeinminiatur
um 1790

Zugleich verdeutlicht Goeze, dass der Garten ökonomisch-experimentellen Fragestellungen genügt, wenn beispielsweise versucht wurde, eine Fläche nahe des großen Teiches mit besonderer Düngung (Asche und Salpeter) mit Hafer zu bestellen, um zu erkunden, „ob man denselben hier im Sandlande nicht besser ziehen könne."[32] Berichtet wird schließlich von einer kleinen „Eremitage und Wildniß mit einigen ausländischen Höltzern. Ein niedlicher Irrgarten, worinn man sich verlieren kann. Hier fängt man Krametsvögel in Dohnen."[33] Goeze benennt damit ein Parkareal, in dem in speziellen Fangvorrichtungen – das waren „kleine hölzerne Bogen mit Schlingen von Pferdehaaren"[34] – Wacholderdrosseln gefangen wurden; der Beiname dieser Vögel entstammt ihrer Lieblingsnahrung, der „Krammetsbeere" (Wacholder).

Der *nützliche* und *ästhetische Aspekt* der Parkidee wurde dabei maßgeblich durch das Wechselspiel von Gräben, Feldern und Wiesen sowie die Ackerflächen rahmenden Gehölzpartien – wie im Gartenreich Dessau-Wörlitz – geprägt, wenn Goeze festhält: „Kleine Gräben schneiden die Wiesen von den angränzenden Feldern ab, an welchen man herumspatzirt, um wieder in den Garten zu kommen."[35] Dabei wird auf der Gartenseite einer Wiese auch eine „Strecke Hopfen mit hohen Stangen"[36] erwähnt.

Die bis in die erste Hälfte des 19. Jahrhunderts entwickelten *Raumstrukturen* werden auch sehr gut auf dem Urmesstischblatt von 1842 abgebildet (siehe Beitrag Salge, Abb. 3), wo in rechteckigen Quartieren die eher intensive gärtnerische Nutzung des „*Lustgartens*" und der eher weitläufige Bereich des „*Thiergartens*" erkennbar werden.[37] Spätestens in der zweiten Hälfte des 19. Jahrhunderts wurde die gärtnerische Parknutzung in ein gesondertes „*Obstgartengehege*" verlagert. Für diesen Teil, der unmittelbar neben dem Kirchfriedhof an der Plane gegenüber dem Bruns-Denkmal angelegt wurde, hat sich bis heute die Bezeichnung „*Naschgarten*" erhalten. In diesen gelangte man über eine nicht mehr erhalten gebliebene Brücke. Mit der Verlagerung des Obstgartengeheges aus dem unmittelbaren Nahraum des Herrenhauses war die Voraussetzung geschaffen, dass der Park zu einem *Landschaftsgarten* weiter entwickelt wurde.

Die bei Goeze genannten Gräben als Wasserachsen – v. a. der größere Teichgraben und seine abschließende Aufweitung zum o. g. „Quadratteich" – südlich des Gutshofes – werteten die Parkanlage landschaftlich auf. Der heute nicht mehr wasserführende, in seinem ursprünglichen Verlauf aber wieder sichtbar gemachte Kanal hatte eine Verbindung zur Plane. Anhand einer Farblithografie von Hermann Schnee (1840-1926) um 1860 lassen sich auch ein Jahrhundert nach Übernahme der Gutsherrschaft durch Friedrich Eberhard von Rochow u. a. eine „bogenförmige Holzbrücke mit Geländer [...] über die kanalartige Teichanlage"[38] neben einem

29 Ebd., S. 69.
30 Ebd.
31 Ebd., S. 69 f.
32 Ebd., S. 70.
33 Ebd., S. 70 f.
34 Ebd., S. 71.

35 Ebd.
36 Ebd., S. 72.
37 Vgl. Anke Matthesius: Gutspark Reckahn, wie Anm. 3, Anhang, Karte 4.
38 Ebd., Anhang, Abb. 1.

Abb. 4: Wiedererrich-
tete Holzbrücke über
den ehemaligen Teich-
graben

Abb. 5: Denkmal für
den Lehrer Heinrich
Julius Bruns (1746-1794)

großen Wiesenraum mit seinen Solitärgehölzen nahe am Herrenhaus identifizieren (siehe Beitrag Salge, Abb. 5).

Die anthropogene Beeinflussung der Plane zeigt sich bis heute in ihren „grabenartigen Verläufen mit teilweiser Abflusssteuerung" und einer Flussbegrenzung, die „weitgehend von Uferdämmen gesäumt" ist. „Zwischen Meßdunk und Reckahn [...] verweisen auf engstem Raum fünf größere und sechs kleine Fischteiche auf schon frühe fischereiwirtschaftliche Nutzungsveränderungen des Gewässernetzes [...], das in diesem Bereich mit künstlicher Stauhaltung und saisonaler Abflussregulierung versehen ist."[39] Diese – allerdings erst am Ende des 19. Jahrhunderts angelegte – Teichlandschaft (siehe Beitrag Schmitt) grenzt den Reckahner Gutspark von Süden her ab.

Kulturelles Gestaltungskonzept in Wechselwirkung mit dem Rochow-Museum

Restaurierung traditioneller Raumelemente

Im Zuge der o. g. Parksanierung 2004/2005 wurden Teile der ursprünglichen Sicht- und Raumbeziehungen sowie der ehemaligen Wegeverläufe wiederhergestellt. Der Wegebau hatte das Ziel, einen Rundgang zu ermöglichen, ohne Anspruch, die Differenziertheit des Netzes aus dem 19. Jahrhundert wiederherzustellen. Aber die einstige Korrespondenz von Wegestruktur und Raumbeziehungen sollte auswahlweise erkennbar abgebildet werden.

Auch die Wiedererrichtung einer Holzbrücke über den genannten Teichgraben (Abb. 4), der heute nur noch im regenreichen Frühjahr wassergefüllt ist, gehörte zur Parkerneuerung.

Zu den herausragenden *traditionellen Raumelementen* im Park zählt das vom Künstler Frank Lipka (Trechwitz) restaurierte Denkmal für den Lehrer Heinrich Julius Bruns (Abb. 5).[40] Rochow hatte es für den 1794 verstorbenen Bruns mit der Aufschrift „Er war ein Lehrer" – unweit der Schule – aufgestellt. Mit diesem kultur- und bildungsgeschichtlichen Denkmal für den Lehrer an der Rochowschen Schule besitzt der Reckahner Gutspark ein vermutlich einzigartiges Erinnerungsdenkmal als Raumelement.

Neue Raumelemente

Im Kontext der musealen Konzeption von Rochow-Museum und Schulmuseum Reckahn bestand in Abstimmung mit der Denkmalpflege die Chance, in den Park auch *neue Elemente* zu integrieren. Auf diese Weise ist in Anlehnung an das historische Grundmotiv – ein *kulturelles Gestaltungskonzept und Informationssystem* (Abb. 6) entstanden. Die zentrale Idee – sie dürfte in einem Brandenburger Gutspark heute singulär sein – besteht darin, dass wesentliche *Merkmale der museumspädagogischen Innenraumkonzeption der Dauerausstellung „Vernunft fürs Volk" des Rochow-Museums in den Außenraum des Parks übersetzt bzw. fortgeschrieben wurden.*

Wie im Rochow-Museum die knappen Raumtexte, ermöglichen *eine Infotafel am Parkeingang* neben dem Eingang in das Rochowsche Herrenhaus sowie *vier Glasstelen im Park* Einblicke in grundlegende Facetten der Reckahner Gartenidee: Ein *Gartenflyer* fasst die

39 Sebastian Kinder; Haik Thomas Porada im Auftrag des Leibniz-Instituts für Länderkunde und der Sächsischen Akademie der Wissenschaften zu Leipzig (Hrsg.): Brandenburg an der Havel und Umgebung. Eine landeskundliche Bestandsaufnahme im Raum Brandenburg an der Havel, Pritzerbe, Reckahn und Wusterwitz (= Landschaften in Deutschland. Werte der deutschen Heimat; Bd. 69). Köln/Weimar/Wien 2006, S. 307.

40 Vgl. Frank Tosch: Heinrich Julius Bruns (1746-1794). Schüler – Lehrer – Lehrerbildner. Bremen 2015.

Abb. 6: Infotafel am
Parkeingang

Abb. 7: Obstbaumgruppe mit Sitzgruppe
als symbolischer „Wirtschaftsplatz"

zentralen Informationen in Wort und Bild zusammen[41]
(siehe auch Beitrag Kummer in diesem Band).

Mit der 2004 – nahe am ehemaligen Gutshof und Parkeingang – angepflanzten *Obstbaumgruppe* soll symbolisch „im Kleinen" an F. E. von Rochows Plan: „Ueber
die Obstbaumzucht im Großen" (1794)[42] erinnert werden.[43] In diesem Plan schlug Rochow sechs Apfel- und
sechs Birnensorten vor, die in der hiesigen Region vor-
zugsweise angebaut werden sollten (vgl. Raum „Ökonomische Versuchstätigkeit" im Rochow-Museum). Die
Obstbaumgruppe im Park (Abb. 7) – verbunden mit
einem *Holztisch, einer Holzbank und zwei Stühlen* – versinnbildlicht einen *Wirtschaftsplatz* und übersetzt den
ökonomischen Gedanken von Gutshof und o. g. „Naschgarten" in eine Sitzgruppe. Seit 2005 gehört zum sym-
bolischen Wirtschaftsplatz ein *Weißer Maulbeerbaum
(Morus alba)*, der an die *Seidenbauaktivitäten* Rochows
nicht nur museal, sondern auch im Park ‚lebendig' erinnert. Schon 1758 wurden Maulbeerbaumpflanzungen in
den Gutsakten erwähnt.[44] Im Rochow-Museum sind vier
„Märkische Bauern-Gespräche" (1792)[45] des Gutsherrn in
Bild und Ton inszeniert; dabei ist das zweite Gespräch
der Verbesserung des Seidenbaus in Preußen gewidmet.

Nahe der wiedererrichteten Brücke über den ehemaligen Teichgraben befindet sich im Übergangsbereich

von offener Parkfläche zum baumbestandenen Areal
eine *große Bankgruppe* für ca. 25 Personen (Abb. 8). Diese
halbkreisförmig angeordnete Bank will Stätte des gleich-
berechtigten Dialogs, des Vortragens und Musizierens im
Gutspark sein. Diese Bankgruppe ‚holt' gewissermaßen
das „aufgeklärte Gespräch" im Gartensaal und die
Barockmusik der „Berliner Liedertafel" im Konzertsaal
des Rochow-Museums in den Park. Die Platzsituation
als *Gesprächs- und Musizierort* soll Besuchergruppen, v. a.
Schulklassen an Projekttagen, vielfältige Einsichten
und Empfindungen in der Natur, aber auch Aussich-
ten in die Raumbeziehungen des Parks ermöglichen.
Auch der Autor des o. g. Kinderbuchs über eine Reise
nach Reckahn Goeze hatte den inspirierenden Gedanken bestimmter Orte im Park – so beim genannten
„Poetengang" – mit der Parkidee verbunden, wenn er
resümiert: „Wer aber kein Poet ist, wird auch in diesem Gange keiner werden. Ein wahrer Poet aber hat
hier Stoff, Gelegenheit und Reiz, seine Gedanken immer
besser auszubilden, wie denn die schöne freie Natur
überhaupt die beste Lehrmeisterin ist, einen jeden, der
ihre Schönheiten empfinden kann, auf gute Gedanken
zu bringen."[46]

Der Park wurde ferner mit einer aus *drei Elementen
bestehenden Sitzgruppe* ‚möbliert', die von umgeben-
den Anpflanzungen rück- und dachseitig von Grün
umschlossen wird. Sie symbolisiert den *Freundschafts-
gedanken*, das vertraulich-partnerschaftliche, intime
oder gesellige Gespräch im Park. Sie transformiert die
im Raum „Begegnungsräume – Freundschaften" des
Rochow-Museums gezeigten personalen Netze in eine
Freundschaftsbank im Außenraum (Abb. 9). Die Bank mit
umrankendem Grün soll auch an das frühe Stilelement

41 Vgl. Gutspark Reckahn. Einer der ältesten Landschaftsparks Brandenburgs [Frank Tosch] (= Flyer i.R. des kulturellen Gestaltungs-
und Informationssystems). o.O. 2005.

42 Vgl. Friedrich Eberhard von Rochow: Ueber die Obstbaumzucht
im Großen [4. November 1794]. In: Annalen der Märkischen Oekonomischen Gesellschaft zu Potsdam (1795), Bd. 2, H. 1, S. 145-151.

43 Vgl. Frank Tosch: Der Aufklärertypus Friedrich Eberhard von
Rochow und die Märkische Ökonomische Gesellschaft zu Potsdam. In: Hanno Schmitt; Frank Tosch (Hrsg.): Neue Ergebnisse der
Rochow-Forschung (= Bildungs- und kulturgeschichtliche Beiträge für Berlin und Brandenburg; Bd. 6). Berlin 2009, S. 40-65.

44 Vgl. BLHA, Rep. 37, Nr. 385. In: Anke Matthesius: Gutspark
Reckahn, wie Anm. 3, S. 3.

45 Vgl. Friedrich Eberhard von Rochow: Märkische Bauern-Gespräche [3. April 1792]. In: Annalen der Märkischen Oekonomischen
Gesellschaft zu Potsdam (1792), Bd. 1, H. 1, S. 141-152.

46 Johann August Ephraim Goeze: Eine kleine Reisebeschreibung
zum Vergnügen der Jugend, wie Anm. 2, S. 69.

Abb. 8: Halbrundbank als Ort des „aufgeklärten Gespräches"

Abb. 9: Freundschaftsbank als „Grüne Grotte"

Abb. 10: „Rochow-Lustgrotte" in den Spiegelsbergen in Halberstadt

der „Grotte" – hier als *Grüne Grotte* – im Landschaftspark erinnern. Aus Sicht des Denkmalschutzes waren steinerne Bauten, wie etwa die noch heute existierende und nach Rochow benannte „Lust-Grotte" (Abb. 10) im Landschaftspark Spiegelsberge in Halberstadt, von vornherein ausgeschlossen. Daher deuten zwei Findlinge – unmittelbar neben der „Grüne Grotte" gelegen – zumindest ein denkbares Baumaterial für eine Grottensituation im Landschaftspark an. Auch verweist die Grotte in Halberstadt eher „auf einen barocken Geschmack, hingegen die Gestaltung der Gartenanlage auf einen englischen Stil"[47]. In diesem zuletzt

genannten Sinne wird mit der „Grünen Grotte" versucht, einen landschaftlichen Impuls im Reckahner Gutspark zu setzen.

Schließlich soll jene *neue Platzsituation* genannt werden, die neben dem Bruns-Denkmal (1794) und dem Rochowschen Erbbegräbnis (1911) einen *weiteren Erinnerungsort* im Park markiert. Seit September 2005 steht im Park ein Gedenkstein für *Friedrich Wilhelm Gotthilf Frosch* (1776-1834) (Abb. 11), der das philanthropische Erbe Rochows im Pfarrbezirk Krahne (mit Reckahn) fortgesetzt hat. Prediger Frosch verband frühzeitig die Elementarbildung mit der Lehrerausbildung als zentrale Frage jeder Schulreform. Er gründete 1810 in Krahne eine der

47 Silke Siebrecht: Friedrich Eberhard von Rochow. Domherr in Halberstadt – praktischer Aufklärer, Schulreformer und Publizist. Handlungsräume und Wechselbeziehungen eines Philanthropen und Volksaufklärers in der zweiten Hälfte des 18. Jahrhunderts (= Philanthropismus und populäre Aufklärung – Studien und Dokumente; Bd. 6). Bremen 2013, S. 78.

Abb. 11: Gedenkstein für den Prediger
Friedrich Wilhelm Gotthilf Frosch (1776-1834)

ersten „Schullehrer-Konferenzgesellschaften".[48] 1812
zum Schulinspektor berufen, leitete er ein Seminar in
Groß-Behnitz (1814-1824). Im letzten Lebensjahrzehnt
war Frosch bis zu seinem Tod 1834 reformfreudiger Leiter der Schule am Großen Militärwaisenhaus in Potsdam (1825-1834). 17 Jahre nach seinem Tod erhielt Frosch
einen Gedenkstein mit der noch schwach lesbaren
Inschrift „Von seinen dankbaren Schülern" (1851) gestiftet.
Dieser Stein befand sich bis 1976 auf dem Friedhof des
Waisenhauses in Potsdam-Babelsberg und wurde beim
Bau einer Schnellstraße von Wolfgang Bernhardt, Lan-
gerwisch, für nahezu drei Jahrzehnte auf seinem Pri-
vatgrundstück sichergestellt. Er versinnbildlicht heute
als Denkmal die glückliche „Rückkehr" einer zentralen
Person der Rochowschen Aufklärungspädagogik in das
kulturhistorische Reckahner Ensemble.[49]

Fazit

Erst die *korrespondierende Wechselwirkung des musealen Innen- und Außenbereiches* im kulturhistorischen
Reckahner Ensemble (Gutspark, Herrenhaus: heute
Rochow-Museum, Barockkirche und Schulhaus:
heute Schulmuseum) offenbart die kulturell-auf-
klärerischen, landschaftlichen sowie ästhetischen

und ökonomischen Dimensionen der Rochowschen
Gutsherrschaft. Die Sanierung des ersten Drittels des
Reckahner Gutsparkes hat es in den Jahren 2004/05
ermöglicht, dass *ursprüngliche Sicht- und Wegebe-
ziehungen sowie traditionelle Raumelemente* – wie das
Bruns-Denkmal und eine Holzbrücke über einen
wieder sichtbar gemachten ehemaligen Teichgraben –
restauriert bzw. wiederentstehen konnten.

Mit *neuen Platzsituationen* – wie Wirtschafts-, Gesprächs-
bzw. Musizierplatz sowie Freundschaftsplatz als
„Grüne Grotte" – wurden *charakteristische Merkmale
der museumspädagogischen Idee des Rochow-Museums in
die landschaftliche Außenraumgestaltung des Parks übersetzt.* Damit werden die bildnerischen, ökonomischen,
landschaftlich-ästhetischen und freundschaftlich-ge-
selligen Ideen des Philanthropen, Bildungs- und Agrarreformers Friedrich Eberhard von Rochow heute zu
einer im *modernen Sinne volksaufklärerischen Gesamtkon-
zeption* des Reckahner kulturhistorischen Ensembles
zusammengeführt. Der umgestaltete Naturraum der
Rochowschen Gutsherrschaft nach englischem Vorbild
widerspiegelte Lebensgefühl, Geselligkeit und Tugend
und lud zum Sehen, Empfinden, Nachdenken – gekop-
pelt mit nützlichem Tun – ein. Dabei stand Reckahn
in produktiver Spannung zu Dessau-Wörlitz. Aber
im Rochowschen Park wird – im Vergleich zum europäischen Höhepunkt im Wörlitzer Park – der lokale,
kleinflächige Versuch erkennbar, das Umfeld einer
Gutsherrschaft schlicht, sparsam und doch anmutig
nach gartentheoretischen Maximen des Zeitalters der
Aufklärung (siehe Beitrag Geier) zu gestalten, gewissermaßen den Gedankenkreis aus dem Innern des
Rochowschen Herrenhauses auf die Gestaltung einer
Landschaft, auf das Zusammenspiel von Ökonomie,
Pädagogik und Kunst zu übertragen und damit das
Nützliche und Schöne, und somit auch das Gute, ganz-
heitlich zu vereinigen. Die Wiederbelebung eines der
ältesten Gutsparks im Land Brandenburg ist damit
heute zugleich ein zentrales Element für die *historisch
inspirierte Verwirklichung einer kulturellen Vision* im ländlichen Raum.

---

48 Vgl. Joachim Scholz: Die Lehrer leuchten wie die Sterne. Land-
schulreform und Elementarlehrerbildung in Brandenburg-
Preußen (= Philanthropismus und populäre Aufklärung –
Studien und Dokumente; Bd. 4). Bremen 2011, S. 121, 155 ff.

49 Vgl. GutsparkReckahn. Einer der ältesten Landschaftsparks
Brandenburgs [Frank Tosch], wie Anm. 41.

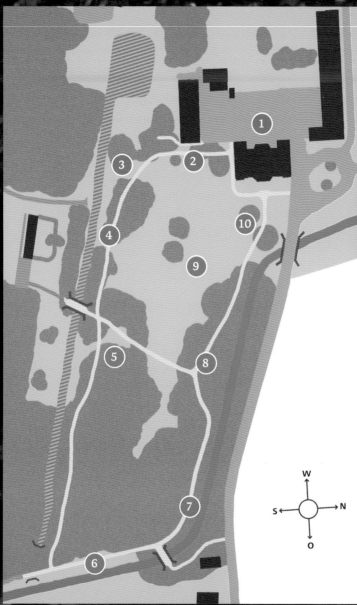

Abb. 1: Karte mit Wanderweg durch den Reckahner Gutspark

Volker Kummer

Ein botanischer Spaziergang im Gutspark Reckahn

Prolog

Friedrich Eberhard von Rochow (1734-1805) trat u. a. für eine umfassende Bildung breiter Bevölkerungsschichten ein. Dazu gehörten auch Kenntnisse über die Pflanzen und – wer mag es ihm verdenken – zur Nutzung derselben durch den Menschen. Das Wissen darüber, was seinerzeit für ihn und seine Untertanen aufgrund der Anforderungen des täglichen Lebens mehr oder weniger selbstverständlich war, ist heute – selbst bei Studenten der Fachrichtung Biologie – weitgehend verschwunden. Dies betrifft nicht nur die Kenntnisse über die meisten der in den Gärten und Wiesen, auf den Äckern und in den Ortslagen allgegenwärtig vorhandenen krautigen Pflanzen, nein, sogar die Namen der nicht zu übersehenden Bäume und Sträucher sind hiervon in starkem Maße betroffen. Möge der kleine botanische Exkurs durch den Reckahner Gutspark ein wenig dazu beitragen, diesem schmerzlichen Missstand entgegenzuwirken.

Wanderweg

Schlossvorplatz ①

Nähert man sich vom Parkplatz aus dem Schloss, fällt sofort die rechts neben dem Eingang befindliche beeindruckende, über 100jährige Linde *(Tilia sp.)* mit einem Stammumfang von über 5 m auf (Abb. 2). Sie ist in der für diese Gegend typischen Kopfform beschnitten.

Abb. 2: Vorplatz des Schlosses mit Linde

Deshalb bringt sie jedes Jahr sog. Jahresreiser hervor, die untypische, zumeist deutlich vergrößerte Blätter besitzen. Ihre Bestimmung ist – wie bei allen Gehölzen – dadurch außerordentlich erschwert. Zu vermuten ist, dass es sich bei diesem Baum um die früher oftmals entlang der Straßen gepflanzte Holland-Linde *(Tilia x vulgaris)*, die Hybride aus Sommer- und Winter-Linde, handelt. Neben Linden vertragen auch Baumweiden *(Salix* spp. eine derartige Schneitelung. Sie prägten als Kopfweiden früher viele Niederungsbereiche Brandenburgs. Nutzte man die Weidenreiser u. a. zur Korbherstellung, kamen die Lindentriebe vermutlich als Reisig im Backofen zur Anwendung. Das Holz der Linden hingegen lässt sich – u. a. wegen seiner Zerstreutporigkeit – in allen drei Schnittebenen leicht bearbeiten, so dass es von alters her Anwendung in der Bildhauerei, Schnitzerei und Drechslerei fand. Ob auch im Reckahner Schloss sowie in der benachbarten Barockkirche das eine oder andere Schmuckelement ursprünglich aus Lindenholz bestand, kann nur vermutet werden. Darüber hinaus wurde Lindenholz z. B. für die Herstellung von Möbeln, Furnieren, Spielwaren, Küchengeräten, Holzschuhen und Musikinstrumenten verwendet.[1]

Schauen wir nun auf den Boden! Vor dem Schlosseingang existiert ein großflächiges, aus kleinen, abgerundeten Feldsteinen, den sog. Katzenköpfen, bestehendes Kopfsteinpflaster. Welche Mühe die Verlegung der Steine bereitete, lässt sich nur noch erahnen. Zwischen den Steinen ist – im Gegensatz zu den heute allerorten anzutreffenden zubetonierten und asphaltierten Flächen – genügend Platz für zahlreiche Pflanzenarten, die entweder mit der Trittbelastung der Besucher bzw. dem im Sommer stark aufgeheizten Standort zurechtkommen. Zu nennen sind das Kahle Bruchkraut *(Herniaria glabra)*, das Einjährige Rispengras *(Poa annua)*,

---

1 Vgl. P. Schütt; H. J. Schuck; B. Stimm (Hrsg.): Lexikon der Baum- und Straucharten. Hamburg: Nikol Verlagsgesellschaft, 2002.

Abb. 3: Kleinblütiges
Franzosenkraut
(*Galinsoga parviflora*)

der Vogel-Knöterich (*Polygonum aviculare* agg.), die Rote Schuppenmiere (*Spergularia rubra*), das Gewöhnliche Sandkraut (*Arenaria serpyllifolia*), der Scharfe Mauerpfeffer (*Sedum acre*) sowie das in Massen vorkommende Kleine Liebesgras (*Eragrostis minor*). Im Schatten der Linde finden sich auch einige Exemplare des Kleinblütigen Franzosenkrauts (*Galinsoga parviflora*). Während zu Rochows Zeiten die sechs zuerst genannten Arten wohl bereits vorhanden waren, hat er die beiden letztgenannten nie gesehen. Beides sind Neophyten, also Pflanzen, die erst nach der Entdeckung Amerikas zu uns nach Deutschland kamen. Auch wenn beim Liebesgras der Erstnachweis in Deutschland bereits auf das Jahr 1782 zurückgeht[2], erfuhr die aus Südeuropa stammende Art eine stärkere Ausbreitung in Brandenburg erst in der zweiten Hälfte des 20. Jhs. Wurde anfangs noch jeder Einzelfund, v. a. in den Pflasterritzen auf Bahnhöfen auftretend, gemeldet[3], so dürfte die Art wohl heute in kaum einer Ortschaft Mittel- und Südbrandenburgs fehlen.[4] Anders verhält es sich dagegen beim o. g. Franzosenkraut (Abb. 3). Die in Südamerika (Anden) beheimatete Art trat in Deutschland erstmals 1802 verwildert auf.[5] Aufgrund ihrer kleinen, hübsch anzuschauenden Blütenköpfe – hierauf ist der deutsche Gattungsname Knopfkraut zurückzuführen – ist sie an verschiedenen Orten als Zierpflanze oder als botanische Rarität in Botanischen Gärten der Großstädte (Berlin um 1800), aber auch in kleineren Privatgärten, kultiviert worden.[6] Davon ausgehend hat sie sich infolge der hohen Diasporenanzahl pro Pflanze und der immer dichter werdenden Verkehrs- und Handelsströme relativ rasch ausgebreitet und ist alsbald zu einem gefürchteten Acker- und Gartenunkraut geworden, dem man vergeblich versuchte, mit verschiedenen Methoden Einhalt zu gebieten. Diese Expansion erfolgte in Deutschland im Anschluss an die Napoleonischen Kriege (1800-1814). So entstand die Mär von der Einschleppung der Pflanze durch die französischen Truppen – in Paris wurde die Pflanze 1785 erstmalig kultiviert – und ihr noch heute überall in Brandenburg gebräuchlicher volkstümlicher Gattungsname Franzosenkraut [7].

Schaut man sich die Pflastersteine noch etwas genauer an, so fallen dem aufmerksamen Betrachter insbesondere in den weniger betretenen Randbereichen des Vorplatzes auch einige auf den Steinen wachsende Flechten auf. Die auffälligste von ihnen ist die ein recht breites graugrünes-hellbräunliches Lager aufweisende Mauer-Kuchenflechte (*Lecanora muralis*). Sie ist auch sonst auf älteren Hausdächern, Betonsockeln und -pfosten nicht selten anzutreffen.

2 Vgl. E. J. Jäger (Hrsg.): Rothmaler Exkursionsflora von Deutschland. Gefäßpflanzen: Grundband. 20. Aufl. Heidelberg: Spektrum, 2011.

3 Vgl. z. B. H.-D. Krausch: Flora des Oberspreewaldes. In: Wiss. Z. Päd. Hochsch. Potsdam, Math.-nat. R. 2, 1955, S. 81-118; H. Passarge: Zur soziologischen Stellung einiger bahnbegleitender Neophyten in der Mark Brandenburg. In: Mitt. Flor.-soz. Arb. gemeinsch. N.F. 6/7, 1957, S. 155-163; H. Sukopp: Verzeichnis von Neufunden höherer Pflanzen aus der Mark Brandenburg und angrenzenden Gebieten. In: Verh. Bot. Ver. Prov. Brandenburg 83-97, 1957, S. 31-40; H. Scholz; H. Sukopp: Drittes Verzeichnis von Neufunden höherer Pflanzen aus der Mark Brandenburg und angrenzenden Gebieten. In: Verh. Bot. Ver. Prov. Brandenburg 102, 1965, S. 3-40.

4 Vgl. u. a. A. Bettinger; K. P. Buttler; S. Caspari; J. Klotz; R. May; D. Metzing: Verbreitungsatlas der Farn- und Blütenpflanzen Deutschlands. Bonn: Bundesamt für Naturschutz, 2013.

5 Vgl. E. J. Jäger (Hrsg.): Rothmaler Exkursionsflora von Deutschland, wie Anm. 2.

6 Vgl. D. Schulz: Zur Ausbreitungsgeschichte von *Galinsoga parviflora* Cav. in Berlin und im Raum der ehem. Provinz Brandenburg. In: Gleditschia 10, 1983, S. 93-105; K. Klopfer; S. Schönfeld: Zur Verbreitungsgeschichte der *Galinsoga*-Arten in Mitteleuropa. In: Wiss. Z. Päd. Hochsch. Potsdam 30/1, 1986, S. 81-94; H.-D. Krausch: Zur Einbürgerungsgeschichte einiger Neophyten in Brandenburg. In: Gleditschia 19, 1991, S. 297-308.

7 Dagegen sind andere in Brandenburg notierte, auf das lästige Unkraut und / bzw. seine angebliche Herkunft Bezug nehmende Volksnamen, wie z. B. Zigeunerkraut, Polenkraut, Teufelskraut, Pestkraut und Fünfminutenkraut, wohl nahezu verschwunden (vgl. H.-D. Krausch: Heimische Pflanzen in Volkssprache und Brauchtum. 11. Das Franzosenkraut. In: Heimatkalender Kreis Zossen 1987, S. 79-82).

Abb. 4: Zweig der
Weißen Maulbeere
(*Morus alba*)

Gutspark – Eingangsbereich ②

Wenden wir uns nun dem Park zu, den wir durch den
Eingang rechts neben dem Schloss betreten. Sofort fällt
der Blick auf ein eindrucksvolles Magnolien-Exemplar
(*Magnolia cf. x soulangeana*), in dessen Schatten eine Bank
zum Verweilen einlädt. Im Frühjahr, wenn der bei uns
nicht heimische Baum vor dem Laubaustrieb in voller
Blüte steht und weithin seine vielen, mehrere Zenti-
meter großen, rosa Blüten sichtbar sind, ist er eine
besondere Zierde des Gartens. Neben der Größe der
Blüten weist auch die spiralige Anordnung der Blüten-
bestandteile auf die evolutionäre Ursprünglichkeit
des Baumes innerhalb der Bedecktsamer hin. Gleiches
gilt auch für die Bestäubung hauptsächlich durch
Käfer, während sich die durch Bienen erst später in
einer koevolutionären Entwicklung mit den Pflanzen
herausbildete. All dies erklärt den geringen bis feh-
lenden Fruchtbesatz der Magnolien in unseren Breiten
trotz der überreichen Blütenbildung.

Folgen wir dem Weg weiter südlich, so gelangen wir –
rechter Hand zwei alte Apfelbäume passierend – rasch
zu zwei, rechts des Weges stehenden Weißen Maulbeerbäumen (*Morus alba*) (Abb. 4) mit jedoch dunkel
weinrot-schwärzlichen Früchten. Sie sind erst 2005
anlässlich der Einweihung des sanierten Parkareals
gepflanzt worden und sollen an die zu Zeiten Rochows
und auch noch bis kurz nach dem 2. Weltkrieg ausge-
übte regionale Seidenraupenzucht erinnern. Insbesondere im 18. Jh., v. a. während der Regentschaft von König
Friedrich II., spielte sie als Wirtschaftszweig eine wichtige Rolle. Insgesamt rund 2 Millionen Taler wurden
zwischen 1740-1786 für die Seidenindustrie ausgegeben.[8]
Um 1780 wuchsen über 1 Million Maulbeerbäume in
Preußen. Trotzdem war die Seidenproduktion ineffizi-
ent, was u. a. auf die Schwierigkeiten bei der Kultur des
in Ostasien heimischen Seidenspinners (*Bombyx mori*)

in unseren Breiten begründet war. Spätere Bemühungen zu ihrem Wiederaufleben waren von kurzfristiger
Natur.[9] Das starke Ausschlagvermögen der Weißen
Maulbeere, das mit der Bildung vieler, für die Seidenraupenzucht benötigter Laubblätter einhergeht, kann
man an den zurückgeschnittenen Ästen der beiden im
Park gepflanzten Bäume deutlich erkennen. Außerdem
fallen an den Starkästen die großen Lager der eutra-
phenten Wand-Gelbflechte (*Xanthoria parietina*) auf.

Das ökonomische Motiv, welches die Arbeits- und
Lebensweise Rochows zeitlebens prägte, wird durch die
sich nur wenige Meter von den Maulbeerbäumen ent-
fernte, ebenfalls 2005 erfolgte Anpflanzung von je vier
Obstbäumen und Haselsträuchern (*Corylus avellana*)
symbolisiert. Nicht nur in den Gärten wurden Obstge-
hölze seinerzeit kultiviert. Auch bei der Randbepflan-
zung von Straßen und Wegen spielten insbesondere
Apfel und Pflaume eine wichtige Rolle. Nicht selten
entbrannte früher Streit hinsichtlich der Nutzung
bzw. Pflege dieser Bäume. Heute dagegen verfault das
heruntergefallene Obst zumeist am Standort.

Die hinter den Obstbäumen stehenden Gehölze werden
vom dichten Blattwerk der Jungfernrebe (*Parthenocis-
sus quinquefolia* agg.) schleierartig überzogen. Das Laub
der aus Nordamerika (Mexico bis südliches Maine, südliches Ontario und südliches Minnesota) stammenden,
nach Krausch[10] um 1610 erstmals in Europa kultivierten
Sippe färbt sich im Herbst leuchtend rot und verleiht
dieser Ecke des Parks damit eine besondere Farbnuance.
Auch hier lädt eine Bankgruppe mit Tisch zum Verweilen ein.

8   Vgl. F. Schmidt: Märkischer und heimischer Seidenbau. 2. Aufl.
     Cottbus: A. Heine Verlag, 1925.

9   Vgl. Anm. 8; F. Tosch: Wilhelm von Türk als Förderer des Seiden-
     baues in Brandenburg. In: H. Schmitt; F. Tosch (Hrsg.): Erzie-
     hungsreform und Gesellschaftsinitiative in Preußen 1798-1840
     (= Bildungs- und kulturgeschichtliche Beiträge für Berlin und
     Brandenburg; Bd. 1). Berlin: Weidler Buchverlag, 1999, S. 118-133.
10   Vgl. H.-D. Krausch: „Kaiserkron und Päonien rot…" Entdeckung
     und Einführung unserer Gartenblumen. München/Hamburg:
     Dölling & Galitz Verlag, 2003.

Abb. 5: Roggenähre mit Mutterkorn-Sklerotien

Ehemaliger Karpfenteich (mit Teichgraben) nahe Gutshof 3

In der nur wenige Meter weiter südlich der Obstanpflanzung anschließenden Bodensenke ist der hier einst vorhandene sog. Karpfenteich und der nach Osten zur Plane hin verlaufende ehemalige Teichgraben noch deutlich erkennbar (siehe Beitrag Tosch). Beide sind inzwischen jedoch infolge der 1963 vorgenommenen Melioration der Plane [11] und der damit verursachten Unterbrechung des Wasserzuflusses weitgehend verlandet. Die am Westende des Grabens gelegene Erweiterung (= Karpfenteich) ist heute die nasseste Stelle des Parks. Im Frühjahr steht hier fast regelmäßig das Wasser. Davon künden auch die vorhandenen Pflanzenarten, zu denen v. a. Gräser und Grasartige gehören. Besonders auffallend sind die gelblich grünen, dreizeilig angeordneten Blätter der bis 1 m Höhe erreichenden Wald-Simse (*Scirpus sylvaticus*), deren gehäuftes Auftreten zumeist wasserzügige Standorte anzeigt. Sie stehen im Kontrast zu den dunkelgrünen, recht schmalen, ca. 0,4 m hohen, runden Stengeln der kleinflächig vorhandenen Gemeinen Sumpfsimse (*Eleocharis vulgaris*). Der größte Teil des ehemaligen Karpfenteiches, insbesondere die nasseste Fläche, wird von den graugrünen Blättern des Flutenden Schwadens (*Glyceria fluitans*) und den dazwischen befindlichen, hellgrünen, fast kreisrunden, abgeflachten Sprossen der Kleinen Wasserlinse (*Lemna minor*) eingenommen. Noch im 19. Jh. wurden v. a. in Polen und Ostpreußen, partiell aber auch im heutigen Brandenburg, die Körner des Flutenden Schwadens gesammelt und daraus eine allgemein geschätzte Nahrung, die „Mannagrütze" oder „Schwadengrütze", hergestellt. [12] Durch den Verlust

der großen Feuchtgebiete im Zuge der Meliorationen kam dieser Nebenerwerb bereits in der zweiten Hälfte des 19. Jhs. zum Erliegen. Schaut man sich die Blütenstände des Flutenden Schwadens im Park Reckahn genauer an, so findet man im Herbst nicht selten in einzelnen Blüten die schwarzen Sklerotien des sog. Mutterkorns (*Claviceps purpurea*). Hierbei handelt es sich um ein Überdauerungsorgan des Pilzes (Abb. 5), aus dem im Frühjahr die Fruchtkörper herauswachsen. Die in diesen gebildeten Sporen infizieren dann neue Gräserblüten. Der Pilz befällt verschiedene Süßgräser, u. a. auch den Roggen. Gelangten früher zu viele Sklerotien des Pilzes in das Mehl, so verursachten deren Inhaltsstoffe (Alkaloide) starke Vergiftungen, „Himmliches Feuer", „Antonius-Feuer" oder auch „Kriebelkrankheit" genannt. [13] Je nach Intensität der Vergiftung konnte es zum Absterben von Gliedmaßen, Schädigungen des zentralen Nervensystems oder zum Tod kommen. Immer wieder traten in ganz Europa derartige Massenvergiftungen auf. [14] Erst im 17. Jh. erkannte man den Zusammenhang zwischen dem Sklerotienbefall des Getreides und den Vergiftungserscheinungen und konnte so gezielt dagegen vorgehen. Die Inhaltsstoffe der Sklerotien wurden aber auch als Arzneimittel eingesetzt, u. a. zur Einleitung und Förderung der Geburt, woraus sich der deutsche Trivialname Mutterkorn erklärt.

Schaut man sich im Randbereich des ehemaligen Karpfenteiches weiter um, so fallen neben den erwähnten Gräsern noch einige krautige Stauden feuchter Standorte, wie der Gemeine Blut- und der Gemeine

11 Vgl. H. Mortell; C. Rappaport: Gutspark Reckahn. Arbeitsmaterialien Nr. 1. Veröffentlicht anlässlich der Tagung der Ortschronisten Potsdam Mittelmark am 14.01.1998 im Schloß Reckahn. Groß Kreuz 1998 (Man.).

12 Vgl. G. Hegi: Illustrierte Flora von Mitteleuropa. Bd. 1. München: J. F. Lehmanns Verlag, 1906; A. Arndt: Die Wiesen und Dauerweiden des unteren Berstetales in der westlichen Niederlausitz. In: Verh. Bot. Ver. Prov. Brandenburg 79, 1939, S. 1-25; W. Petrick; H. Illig; H.

Jentsch; S. Kasparz; G. Klemm; V. Kummer: Flora des Spreewaldes. Verzeichnis der wild wachsenden Farn- und Samenpflanzen sowie ausgewählter Kulturpflanzen im Biosphärenreservat Spreewald und einiger Randgebiete. Rangsdorf: Natur & Text, 2011.

13 Der von Matthias Grünewald Anfang des 16. Jhs. (?1506-1515) geschaffene Altar in Isenheim (Elsass) kündet noch heute auf einem der Bilder von dieser schrecklichen Geißel der Menschheit.

14 Vgl. H. Schmid; W. Helfer: Pilze. Wissenswertes aus Ökologie, Geschichte und Mythos. Eching bei München: IHW-Verl., 1995; H. Kothe; E. Kothe: Pilzgeschichten. Berlin/Heidelberg: Springer-Verlag, 1996.

Abb. 6: Knopperngalle an den
Früchten der Stiel-Eiche

Gilbweiderich *(Lythrum salicaria, Lysimachia vulgaris)* und das Große Mädesüß *(Filipendula ulmaria)* auf (vgl. Abb. 9). Letztgenannte Art verdankt ihren deutschen Namen dem Verströmen eines süßlichen Blütengeruchs oder der ehemaligen Verwendung zum Würzen von Met.[15] Namensgebend für die beiden anderen Arten war die jeweilige Blütenfarbe und die Blattform, die entfernt an Weidenblätter erinnert.

Den etwas höher gelegenen Südrand des Karpfenteiches säumt ein dichtes Band aus Großer Brennnessel *(Urtica dioica)* und Schwarzem Holunder *(Sambucus nigra)*. Beide weisen auf die frischen, stickstoffreichen Standortverhältnissen hin.

Weg am ehemaligen Teichgraben in Richtung Plane 4

Der nach Osten führende ehemalige Teichgraben, der in etwa der Mitte seines Laufes von einer ebenfalls 2005 errichteten Brücke wieder überspannt wird, ist im Bereich der Sohle maßgeblich von den gleichen Pflanzenarten wie im ehemaligen Karpfenteich geprägt. Von den anderen hier wachsenden Pflanzenarten seien das hochwüchsige Behaarte Weidenröschen *(Epilobium hirsutum)* und ein kleiner Bestand des Breitblättrigen Rohrkolbens *(Typha latifolia)* aufgeführt. Im Volksmund wird der Rohrkolben auch als Bumskeule bzw. im Havelland als Schmackedutsche bezeichnet. Letztgenannter Name geht wohl auf schmacken = schlagen und Dune = Daune, bezugnehmend auf die flauschigen Früchte, zurück.[16] Am Hang des Grabens bilden im Frühjahr zahlreiche von Schneeglöckchen *(Galanthus nivalis)* einen besonderen Blickfang.

Nahe dem aufgeschütteten Damm über den ehemalige Teichgraben fallen an einer stattlichen Stiel-Eiche *(Quercus robur)* sog. Knopperngallen auf (Abb. 6). Hierbei handelt es sich um Deformationen der Früchte und Fruchtbecher, verursacht durch die Gallwespe *Andricus quercuscalicis* (Burgs.).[17] Entsprechend den Erhebungen von Sammler[18] handelt es sich hierbei um eine in Berlin-Brandenburg recht selten anzutreffende Gallbildung. Er fand sie lediglich je dreimal in Berlin und Potsdam, stets an Stiel-Eichen auf urbanen, jedoch nie auf natürlichen Standorten wachsend. Aufgrund des hohen Gerbstoffgehalts der Knopperngallen sind diese noch bis Ende des 19. Jhs. in großem Maßstab für die Gerbstoffgewinnung zur Lederproduktion vom Balkan nach Deutschland importiert worden.[19]

Grabenbegleitend wachsen entlang des Weges eine Reihe weiterer beachtlicher Altbäume. Erwähnt seien der aus dem westlichen Nordamerika stammende Riesen-Lebensbaum *(Thuja plicata)* und drei an der Basis miteinander verwachsene Ulmen, denen sich grabenwärts ein Spitz-Ahorn *(Acer platanoides)* hinzugesellt. Anhand der asymmetrischen Blattspreite sind Ulmen relativ leicht erkennbar. Wie viele unserer einheimischen, windbestäubten Bäume blühen sie bereits lange vor dem Blattaustrieb im zeitigen Frühjahr. Auch die bald nach der Blüte gebildeten, geflügelten Nussfrüchte werden durch den Wind ausgebreitet. Das Holz der Ulme ist im Vergleich zur Linde ringporig und deshalb sehr hart. Verwendung fand es früher u. a. im Möbelbau, der Bauschreinerei, bei der Wagnerei, im Wasserbau und für die Innenausstattung der Häuser.[20] Die

15 Vgl. R. Düll; H. Kutzelnigg: Taschenlexikon der Pflanzen Deutschlands. 6. Aufl. Wiebelsheim: Quelle & Meyer, 2005.
16 Vgl. G. Hegi: Illustrierte Flora von Mitteleuropa. Bd. 1, wie Anm. 12.

17 Ursprünglich stammt der Hautflügler aus Südosteuropa. Mit der Einführung der Zerr-Eiche *(Quercus cerris)* ist er nach Deutschland gelangt (vgl. H. Bellmann: Geheimnisvolle Pflanzengallen. Wiebelsheim: Quelle & Meyer, 2012).
18 Vgl. P. Sammler: Häufige Pflanzengallen an Laubgehölzen. In: Naturschutz Landschaftspfl. Brandenburg 23, 2014, S. 40-49.
19 Vgl. H. Bellmann: Geheimnisvolle Pflanzengallen, wie Anm. 17.
20 Vgl. P. Schütt; H. J. Schuck; B. Stimm (Hrsg.): Lexikon der Baum- und Straucharten, wie Anm. 1.

Abb. 7: Zweig der Strobe (*Pinus strobus*) mit Zapfen

Abb. 8: links: Gefleckte Taubnessel (*Lamium maculatum*), rechts: Wald-Ziest (*Stachys sylvatica*).

Flatter-Ulme *(Ulmus laevis)* ist ein wichtiger Bestandteil der nach der Eigenschaft des Holzes benannten Hartholzaue. Im Gegensatz zur Feld-Ulme *(Ulmus minor)* ist sie nicht so stark vom Ulmensterben betroffen, einer durch einen kleinen Schlauchpilz *(Ophiostoma ulmi bzw. O. novo-ulmi)* verursachten und durch den Ulmen-Splintkäfer *(Scolytus scolytus)* übertragenen Pilzerkrankung.

Nahe der den Graben überspannenden Brücke fällt am Rand der Wiesenfläche ein ausladendes Exemplar der Weymouths-Kiefer *(Pinus strobus)*, auch Strobe genannt, auf. Im Gegensatz zur zweinadeligen einheimischen Wald-Kiefer *(Pinus sylvestris)* besitzt die aus dem östlichen Nordamerika stammende Strobe fünfnadelige Kurztriebe mit recht weichen, ca. 10 cm langen Nadeln und bis etwa 20 cm lange, zumeist harzige Zapfen (Abb. 7). Der Baum ist ein Zwischenwirt des ursprünglich aus Eurasien stammenden Rostpilzes *Cronartium ribicola*[21]; Hauptwirt sind Johannisbeer-Sträucher *(Ribes* spp.). In unmittelbarer Nähe befindet sich ein Haselstrauch, dessen Früchte – es ist eine echte Nuss! – in einer von Vorblättern gebildeten becherartigen Hülle sitzen und bei Reife aus dieser herausfallen. Die männlichen Blüten sind in Kätzchen zusammengefasst und lassen so die Verwandtschaft mit den Birken deutlich werden *(Betulaceae)*.

Wenden wir uns nun dem lichten Gehölz in Richtung Plane zu. **5** An dessen Westrand fällt dem Besucher die große Sitzgruppe auf, die von stattlichen Stiel-Eichen und Rot-Buchen *(Fagus sylvatica)* gesäumt ist. Unter diesen ist auch ein *Fagus*-Exemplar mit rotbraun gefärbten Blättern (cv. ‚Atropurpurea‘). Umgangssprachlich werden derartige Bäume als Blutbuche bezeichnet. Betrachtet

man die Stämme beider Laubbaumarten, so fällt der nahezu glatte Stamm der Rot-Buche im Vergleich zur Schuppenborke der Stiel-Eiche auf. Ursache hierfür ist die vielfache Ausbildung verkorkter Zellen (Peridermbildung) in der Rinde der Eiche und deren weitgehendes Fehlen bei der Buche. Beide Laubbäume gehören zu den Buchengewächsen *(Fagaceae)*. Erkennen kann man dies u. a. an den Fruchtbechern *(Cupulae)*. Bei *Quercus* sitzt die Eichel in diesem, bei Fagus öffnet sich dieser vierklappig und gibt die als Bucheckern bezeichneten Früchte frei. Deren Dreikantigkeit erinnert an die Früchte des Buchweizens und war deshalb namensgebend.

Das lichte Gehölz ist vermutlich Rest eines früheren Niederungswaldes. Krautige Arten frischer und nährstoffreicher, bodensaurer Laubwälder wie Gefleckte Taubnessel *(Lamium maculatum)* (Abb. 8 li.), Wald-Flattergras *(Milium effusum)*, Riesen-Schwingel *(Festuca gigantea)*, Scharbockskraut *(Ranunculus ficaria)*, Wald-Ziest *(Stachys sylvatica)* (Abb. 8 re.) und Busch-Windröschen *(Anemone nemorosa)* weisen darauf hin. Ob hierzu auch das Maiglöckchen *(Convallaria majalis)* zu rechnen ist oder aber deren Vorkommen auf eine bewusste Einbringung in den Park zurückgeht, kann nur vermutet werden. Nach Krausch[22] war das Maiglöckchen als Zierpflanze in den deutschen Gärten bereits Mitte des 16. Jhs. weit verbreitet.

Neben dem v. a. im Westteil des Gehölzes die trockeneren Bereiche besiedelnden Hain-Rispengras *(Poa nemoralis)* bestimmt insbesondere der Efeu *(Hedera helix)* weitflächig die Bodenvegetation, z. T. klimmt er auch die Altbäume empor. Eingestreut sind nitrophile Sippen wie Kleinblütiges Springkraut *(Impatiens parviflora)* und Giersch *(Aegopodium podagraria)* sowie der Jungwuchs von Schwarzem Holunder, Spitz-Ahorn, Gemeiner Esche *(Fraxinus excelsior)* und Walnuss *(Juglans regia)*.

---

21 An der für den Rostpilz besonders empfindlichen Strobe verursacht er blasenartige Anschwellungen an den Zweigen und Ästen. Außerdem ruft er u. a. Nadelabfall, Stammdeformierungen und das Absterben von Ästen bis hin zu ganzen Bäumen hervor. Deshalb sind die einstigen Anbauversuche in Deutschland weitgehend gestoppt worden. In Parks und Gärten ist die Strobe jedoch weiterhin anzutreffen.

22 Vgl. H.-D. Krausch: „Kaiserkron und Päonien rot…“ Entdeckung und Einführung unserer Gartenblumen, wie Anm. 10.

Abb. 9: Das Große Mädesüß ist oft in Hochstaudenfluren an Gräben anzutreffen.

Abb. 10: Plane mit *Fallopia japonica*-Bestand (linkes Ufer) und Bruns-Denkmal (rechtes Ufer)

Letztgenannte Art ist bereits von den Römern nach Mitteleuropa eingeführt worden.[23] Sie breitet sich in den letzten 20 Jahren in Brandenburg verstärkt aus. Weiter Richtung Plane wird das Gehölz v. a. von *Quercus robur-* und Ulmen-Altbäumen sowie von Exemplaren des Spitz- sowie des Berg-Ahorns (*Acer pseudoplatanus*) geprägt. Am Bruns-Denkmal nahe der Plane fallen zwei große Hainbuchen (*Carpinus betulus*), auch Weißbuche genannt, auf. Im Gegensatz zur Rot-Buche bleibt bei diesem, zu den Birkengewächsen gehörenden Laubbaum – man schaue sich einmal die charakteristischen Früchte an – das Holz weiß.

Die Plane 6

Die Uferböschung des kleinen Flüsschens wird auf Höhe des Bruns-Denkmals neben Frischwiesengräsern, wie dem Glatthafer (*Arrhenatherum elatius*) und dem Wolligen Honiggras (*Holcus lanatus*), in starkem Maße von der Großen Brennnessel geprägt. Alle kennzeichnen sie die nährstoff-, insbesondere stickstoffreichen Standortverhältnisse. Die Brennnessel ist darüber hinaus eine Nährpflanze für einige Schmetterlingsarten, wie den Raupen des Tagpfauenauges (*Aglais io*), des Kleinen Fuchs' (*Aglais urticae*) und des Landkärtchens (*Araschnia levana*). Vereinzelt sorgen Hochstauden, wie Gemeiner Blutweiderich und Großes Mädesüß (Abb. 9), sowie die gelben Blüten der Sumpf-Schwertlilie (*Iris pseudacorus*) für einige Farbtupfer in der Uferflur. Partiell kommt auch der Große Schwaden (*Glyceria maxima*) vor, der nicht selten Triebvergeilungen infolge des Befalls mit dem Streifenbrand (*Ustilago filiformis*) aufweist. Früher bereitete die Verfütterung derartiger Pflanzen bei zu starkem Brandpilzbefall Probleme, führte dies doch bei den Kühen zu entsprechenden Vergiftungserscheinungen.[24]

Das dem Gutspark gegenüberliegende Plane-Ufer wird auf Höhe des Bruns-Denkmals durch einen über 20 m langen und wenige Meter breiten, übermannshohen Bestand des neophytischen Japanischen Staudenknöterichs (*Fallopia japonica*) geprägt (Abb. 10). Die in Südostasien beheimatete, in der ersten Hälfte des 19. Jhs. in Deutschland u. a. als dekorative Blattschmuckpflanze eingeführte Art[25] hat sich inzwischen an vielen Orten stark ausgebreitet und ist zu einer Problempflanze geworden, unterdrückt sie doch die heimische Vegetation. Dies ist auch hier zu beobachten.

Einzelne ältere, pflegebedürftige Apfel- und Pflaumenbäume am Rande des Plane-Ostufers künden noch heute von dem einst hier befindlichen sog. Naschgarten.

Das ziemlich rasch fließende Wasser der Plane lässt nur einen bescheidenen Pflanzenaufwuchs zu. So finden sich im Flussbett die Unterwasserblätter des Einfachen Igelkolbens (*Sparganium emersum*) und am unmittelbaren Uferrand vereinzelt Sumpf-Schwertlilien, wenig Berle (*Berula erecta*) und kleinere Flecken mit Teichlinse (*Spirodela polyrhiza*). Wasserläufer (*Gerridae*) kämpfen energisch gegen die Strömung an.

Plane-Ufer von Bogenbrücke bis Frosch-Denkmal

Mit Erreichen der 2001 neu errichteten Bogenbrücke ändert sich die Vegetation des Plane-Ufers 7 . Sie wird jetzt maßgeblich von Gehölzen geprägt. Standortgerecht tritt hier die Schwarz-Erle (*Alnus glutinosa*) auf. Ihr Name geht auf die Farbe der älteren weiblichen Zapfen zurück. Die männlichen Blütenstände (Kätzchen) lassen die Verwandtschaft mit den Birken deutlich werden. Die typischerweise an der Spitze ausgebuchteten Blätter werden im Herbst ohne Abbau des darin befindlichen

23 Vgl. P. Schütt; H. J. Schuck; B. Stimm (Hrsg.): Lexikon der Baum- und Straucharten, wie Anm. 1.
24 H.-D. Krausch: Geobotanische Exkursionen in die Niederlausitz, das Odertal, zum Plagefenn bei Chorin und in andere brandenbur-

gische Landschaften. E. Spreewald. Potsdam 1969, S. 81-106.
25 Vgl. H.-D. Krausch: „Kaiserkron und Päonien rot..." Entdeckung und Einführung unserer Gartenblumen, wie Anm. 10.

Abb. 11A: Blatt, Frucht und
Blütenstand des Berg-Ahorns
(Acer pseudoplatanus)

Abb. 11B: Blatt, Frucht und
Blütenstand des Spitz-Ahorns
(Acer platanoides)

Abb. 11C: Blatt des
Silber-Ahorns
(Acer saccharinum)

Chlorophylls abgeworfen. Diesen „Luxus" kann sich der Baum durch seine Symbiose mit Luftstickstoff bindenden Aktinomyceten der Gattung *Frankia* leisten. Dabei gebildete Wurzelknöllchen kommen auch bei Schmetterlingsblütlern, wie z. B. Bohnen und Erbsen, vor.

Neben Schwarz-Erlen wachsen im Uferbereich vereinzelt Exemplare des Berg-Ahorns. Vom Spitz-Ahorn unterscheidet er sich u. a. durch einen andersartigen Blattumriß, die hängenden Blütenstände und die nach unten ausgerichteten beiden Teilfrüchte (Abb. 11A, B). Darüber hinaus tritt beim Spitz-Ahorn beim Entfernen der Blattstiele vom Trieb an der Bruchstelle Milchsaft aus, beim Berg-Ahorn hingegen nicht. Durch Herausnahme des Samens aus der Teilfrucht und Hinzugabe von etwas Spucke hat wohl jeder schon als Kind eine besondere „Nasenverlängerung" hergestellt.

Wegbegleitend treten in diesem Bereich dichte Bestände der Gemeinen Schneebeere *(Symphoricarpos albus)* auf. Wer kennt diesen Strauch nicht aus seinen Kindertagen? Nicht jedoch Rochow, erfolgte die Einfuhr des aus Nordamerika stammenden Gehölzes in Deutschland doch erst 1821 (Botanischer Garten Berlin). Mitte des 19. Jhs. war die Schneebeere dann häufig in Parks, in Grünanlagen und Gärten sowie auf Friedhöfen anzutreffen.[26] Beim Durchschreiten der Bestände im Reckahner Park achte man auf den ausgeprägten Blattdimorphismus des Strauches. Die Blätter der Jahresreiser haben zumeist einen völlig anderen Blattschnitt als die der älteren Triebe.

Den hinter der „Grünen Grotte" **8** angepflanzten Pfeifenstrauch *(Philadelphus coronarius)* kannte Rochow dagegen evtl. schon. Bereits im 17. Jh. war er in vielen Adels-Gärten vorhanden.[27] Er wurde v. a. wegen des reichen Blütenflors in Verbindung mit dem jasminartigen Geruch kultiviert. Daher auch der Volksname „Falscher Jasmin". Die Bezeichnung Pfeifenstrauch geht dagegen auf die Verwendung der langen Jahresschosser zur Herstellung der Röhren langer Tabakspfeifen zurück. Nach einer langen Odyssee durch die verschiedenen Pflanzenfamilien ist er heute systematisch den Hortensiengewächsen zugeordnet.[28]

In der Nähe des Denkmals für Friedrich Wilhelm Gotthilf Frosch (1776-1834) rufen weitere Gehölze unsere Aufmerksamkeit hervor. Da ist zum einen ein Stiel-Eichen-Kultivar, der zur Wiesenfläche hin noch immer eine pyramidenförmig wachsende Krone aufweist und zum anderen ein prächtiges Altexemplar des Silber-Ahorns *(Acer saccharinum)*. Die Blätter des im Osten Nordamerikas beheimateten Baumes sind tief eingeschnitten 5-lappig, wobei jeder Lappen wiederum schmale, tiefe Einschnitte besitzt (Abb. 11C). Die Blattunterseite ist silbrig weiß (Name!). In Brandenburg kann man den Silber-Ahorn gelegentlich als Zierbaum in Parks und Gärten antreffen. Einige Meter weiter wurden wenige Kornelkirschen *(Cornus mas)* am Wegrand angepflanzt. Bereits im März – vor dem Laubaustrieb – ist der Strauch reich mit doldig angeordneten, vierzähligen, kleinen gelben Blüten überzogen und bildet so einen Anziehungspunkt für zahllose Insekten. Die roten Steinfrüchte der in den wärmegetönten Kalkgebieten Süddeutschlands heimischen Art[29] können zu Marmeladen verarbeitet werden. Man beachte außerdem die Nervatur der Blätter, verlaufen doch die Seitennerven bogig Richtung Blattspitze, ein bei allen *Cornus*-Arten auftretendes Charakteristikum.

26 Vgl. H.-D. Krausch: „Kaiserkron und Päonien rot…" Entdeckung und Einführung unserer Gartenblumen, wie Anm. 10.

27 Vgl. Anm. 26

28 Vgl. E. J. Jäger (Hrsg.): Rothmaler Exkursionsflora von Deutschland, wie Anm. 2.

29 Vgl. u. a. A. Bettinger; K. P. Buttler; S. Caspari; J. Klotz; R. May; D. Metzing: Verbreitungsatlas der Farn- und Blütenpflanzen Deutschlands, wie Anm. 4.

Abb. 12: Blick über die Große Wiese

Offenbereiche des Gutsparks – Große Wiese

Wenden wir unseren Blick nun in Richtung der beiden inmitten der Wiese vorhandenen Stiel-Eichen ❾, so liegt vor uns eine v. a. von verschiedenen Gräsern, wie dem Glatthafer, dem Flaumigen Wiesenhafer *(Helictotrichon pubescens)*, dem Wiesen-Rispengras *(Poa pratensis)*, dem Rot-Schwingel *(Festuca rubra)*, dem Wolligen Honiggras und dem Gemeinen Ruchgras *(Anthoxanthum odoratum)*, geprägte Frischwiese (Abb. 12). Beigemengt sind zahlreiche krautige Arten. Erwähnt werden sollen Gemeines Hornkraut *(Cerastium holosteoides)*, Herbst-Löwenzahn *(Leontodon autumnalis)*, Scharfer und Kriechender Hahnenfuß *(Ranunculus acris, R. repens)*, Kriechendes Fingerkraut *(Potentilla reptans)*, Spitz-Wegerich *(Plantago lanceolata)*, Gemeine Schafgarbe *(Achillea millefolium)*, Weiß- und Rot-Klee *(Trifolium repens, T. pratense)* sowie Gamander-Ehrenpreis *(Veronica chamaedrys)* (Abb. 13). Wegen der leicht abfallenden Blüten wird die letztgenannte Art im Volksmund auch Männertreu oder Gewitterblume genannt. Das punktuelle Vorkommen von Zinnsalat *(Leontodon saxatilis)* und Wiesen-Salbei *(Salvia pratensis)* lässt auf eine Einbringung durch frühere Ansaat(en) schließen.

Nahe beim Schloss, bei der frei stehenden Hänge-Birke *(Betula pendula)* ❿, ist kleinflächig ein Sandtrocken-rasen ausgebildet. Er weist zahlreiche in Brandenburg in diesem Vegetationstyp vorkommende, zumeist weit verbreitete Pflanzenarten auf. Aufgeführt seien Raublatt-Schwingel *(Festuca brevipila)*, Rot-Straußgras *(Agrostis capillaris)*, Kleiner Sauerampfer *(Rumex acetosella)*, Gemeines Ferkelkraut *(Hypochaeris radicata)*, Silber-Fingerkraut *(Potentilla argentea)*, Feld-Thymian

Abb. 13: Gamander-Ehrenpreis *(Veronica chamaedrys)*

Abb. 14: Blütenstand
der Gemeinen Grasnelke
(*Armeria maritima*
subsp. *elongata*)

(*Thymus pulegioides*), Echtes Labkraut (*Galium verum*) und Acker-Hornkraut (*Cerastium arvense*). Die Gemeine Grasnelke (*Armeria maritima* subsp. *elongata*), ein Charakterelement bodensaurer Sandtrockenrasen, soll besonders hervorgehoben werden (Abb. 14). Diese in Deutschland geschützte Sippe besitzt in Berlin und Brandenburg ihren weltweiten Verbreitungsschwerpunkt, woraus sich auch eine besondere Verantwortung für deren Erhalt ergibt.[30]

Gegenüber der Hänge-Birke wächst am Wegrand ein älteres Exemplar der Robinie (*Robinia pseudoacacia*) (Abb. 15), wegen der gefiederten Blätter im Volksmund auch Akazie genannt. Während die Gattung *Acacia* im Süden Afrikas und insbesondere in Australien mit vielen Arten vertreten ist, stammt der zu Ehren der französischen Botaniker Jean Robin (1550-1629) bzw. dessen Sohn Vespasian (1579-1662) benannte Baum aus dem östlichen Teil der USA.[31] Wurde er in der ersten Hälfte des 18. Jhs. in Deutschland v. a. in Botanischen Gärten und in den Lustgärten des Adels kultiviert, pflanzte man ihn danach jedoch vieler Orten an. Gründe hierfür waren u. a. seine Bedeutsamkeit als Nektarspender für die Bienen, der Holzmangel in Deutschland und seine Anspruchslosigkeit hinsichtlich des Standorts. So wurde er z. B. als Allee- und Straßenbaum und zur Bepflanzung der „Sandschellen" eingesetzt. Der Botaniker Johann Gottlieb Gleditsch (1714-1786) und der Oberforstmeister Friedrich August Ludwig v. Burgsdorff (1747-1802), beides Rochows Zeitgenossen, propagierten den Robinienanbau in Brandenburg in besonderem Maße.[32] Inwieweit Rochow diesen Bestrebungen folgte, ist nicht bekannt. Gleditsch und Rochow kannten sich

jedoch persönlich, denn sie waren beide Mitglied in der „Gesellschaft der naturforschenden Freunde zu Berlin".[33]

Ausgehend von der Robinie, lassen wir die beidseitig von je zwei gepflanzten Rosen gesäumte Freitreppe des Schlosses rechter Hand liegen und erblicken dann mit der Magnolie am Eingang des Gutsparks den Ausgangspunkt unseres Rundweges.

Epilog

Dem Interessierten sei neben dem unmittelbar an das Schloss Reckahn angrenzenden Rundweg eine längere Route empfohlen. Ausgehend vom Bruns-Denkmal erreicht man südlich der Plane folgend nach ca. 300 m den nördlichsten der neun ehemaligen Fischteiche. An seinem Nordufer entlang führt ein Wanderweg, der am Ende des Teiches nach Nordwest auf eine breite, von Winter-Linden (*Tilia cordata*) gesäumte Allee zuführt. Dieser ca. 200 m nordwärts folgend, führt ein rechts (nach Osten) abbiegender Weg direkt zum Erbbegräbnis derer von Rochow. Auf halber Strecke dorthin trifft man auf einen nach Norden in den Gutspark führenden Weg, den man für die Rückkehr zum Ausgangspunkt nutzen kann.

30 Vgl. ebd.; H. Hause: Wenn Opa nicht mehr kann ... – Jahrbuch 2015. Nabu-Regionalverband „Dahmeland" 2014, S. 65-66.

31 Vgl. H.-D. Krausch: Einführung und Ausbreitung der Robinie in Europa. In: Beiträge zur Gehölzkunde 2001, S. 107-115.

32 Doch wo Licht ist, ist auch Schatten! Heute bereitet die inzwischen überall anzutreffende Robinie u. a. beim Erhalt der subkontinentalen Trockenrasen im Odertalbereich Brandenburgs große naturschutzfachliche Probleme.

33 Vgl. H. Schmitt: Friedrich Eberhard von Rochows Mitgliedschaft in der Gesellschaft naturforschender Freunde zu Berlin. In: R. Stöber; M. Nagel; A. Blome; A. Kutsch (Hrsg.): Aufklärung der Öffentlichkeit – Medien der Aufklärung. Festschrift für Holger Böning zum 65. Geburtstag. Stuttgart 2015, S. 193-216.

Abb. 15: Die zahlreichen Blüten der Robinie (*Robinia pseudoacacia*) sind eine reiche Nektarquelle.

Wo wohnen die Geschichten?
An einem alten Ort.
Du mußt drei Meilen reisen
und bist vor morgen dort.

Sei aber nicht in Eile
und hör den Winden zu.
Geh über Wolkenfelder,
mach Rast am tiefen See.

Du wanderst mit den Sternen
und Zauber schnürt den Schuh.
Am Ende taucht aus Träumen
das Schloß der Märchen auf.

Quelle: Eva Maria Kohl. Zauberstift. Schreib-Spiele- Nr. 3.Volk und Wissen Verlag, Berlin 1993, S. 3

Eva Maria Kohl

Schreibspielräume
für Märchen im Schloss Reckahn
Kreatives Schreiben mit Kindern vor Ort

Märchen erzählen kann jedes Kind

Ein Schloss bietet Kindern viel Raum für phantasievolle Erkundungen. In den meisten Schlössern findet man museumspädagogische Angebote, die Kinder dazu anregen, sich mit der Architektonik des Gebäudes, seiner Geschichte, seinen wechselnden Bewohnern oder seiner Nutzung auseinanderzusetzen. Die Kinder können in historische Kostüme schlüpfen, überlieferte Rezepte für Speisen und Getränke ausprobieren, alte Handwerkstätigkeiten kennenlernen, fremde Bücher mit fremder Schrift in die Hand nehmen, einen Ort durchstreifen, der ihnen einen Sinn für Geschichte eröffnen kann.

Aber ein Schloss kann nicht nur dazu einladen Geschichte zu reflektieren, sondern auch Geschichten hervorzubringen. In diesem Beitrag geht es darum zu zeigen, wie Kinder in der Landschaft des Schlosses Reckahn in ihre eigenen Geschichten geführt werden können. Der Beitrag stellt ein kreatives Schreibszenarium vor, das Kinder insbesondere im Grundschulalter dazu anregen kann, Märchen zu erfinden und aufzuschreiben und verortet das Szenarium konkret im Schloss Reckahn.

Märchen haben nicht nur kulturhistorisch gesehen eine lange Tradition, sie sind auch in den persönlichen Biografien der Menschen in der Regel das Kunstgenre, das früh als etwas unterhaltsames, poetisches und phantasievolles erfahren wird. Märchen sind meist das erste literarische Genre, dem Kinder begegnen. Es beeinflusst und befördert sehr stark die literarische Sozialisation von Kindern. Märchen erzählen kann jedes Kind.

Worauf stützt sich diese Behauptung, warum bevorzugen Kinder, bewusst oder unbewusst, gerade diese Textsorte?[1]

Die Baumuster der Märchen sind einfach und überschaubar. In der Regel gibt es eine Ausgangssituation, dann wird diese empfindlich gestört, ein Unglück ist eingetreten, das nach Lösung verlangt. Die Lösung gelingt, wenn der Held oder die Heldin erfolgreich ausgezogen sind und gekämpft, gelitten, sich angestrengt haben.

Das Märchen bindet sich nicht an einen bestimmten realen Ort, wohl aber an symbolkräftige Orte wie den geheimnisvollen und gefährlichen Wald, das prächtige Schloss, die dunkle Höhle, den blühenden Garten, den Glasberg oder die Rosenhecke. Auch die Zeit ist im Märchen unbestimmt: *es war einmal vor langer, langer Zeit … als das Wünschen noch geholfen hat …*

Die Helden und Heldinnen sind namenlos und ohne Biografie. Es sind Könige oder Hexen, Prinzessinnen oder Räuber, Kaufleute oder Diebe, Stieftöchter oder Jäger. Aber als solche haben sie genau festgelegte und wiedererkennbare Eigenschaften, die im Handlungsgeschehen dann auch eine wichtige Rolle spielen. Die Handlung wird in der Regel in linearer Abfolge erzählt, es gibt keine Vor- oder Rückblenden, keine Nebenschauplätze. Das Volksmärchen verzichtet auf jegliches Dazwischen, es bevorzugt das Eindimensionale, Eindeutige, es kennt kein Wenn und Aber, keine psychologisierenden Erklärungen, Hintergründe, Deutungen.

---

1 Vgl. Eva Maria Kohl. 2014

König und Königin
aus der Märchenschachtel

Die Eindimensionalität in der formalen Struktur erleichtert es Kindern ungemein, selbst ein Erzählgeschehen aufzubauen. Wie auf einen roten Faden wird das Handlungsgeschehen aufgefädelt und dann auch wieder abgefädelt. Das ist logisch, gut zu merken und eben auch gut selbst herzustellen für ein Kind. Deshalb kann man sagen, dass Märchen die ideale Textform für Schreibanfänger sind.

Potentiale eines Schreibszenariums vor Ort

Das im Folgenden vorgestellte Schreibszenarium, das dem didaktischen Konzept des kreativen Schreibens verpflichtet ist[2], verbindet sich auf besondere Weise mit einem tatsächlichen Ort. Man kann dieses Schreibspiel daher auch „ Märchen vor Ort" oder „Märchen im Schloss" nennen. Es ist grundsätzlich übertragbar auch auf andere Schlösser an anderen Orten. Vorgestellt wird vordergründig die Struktur des Schreibszenariums, die mit bestimmten symbolkräftigen Details der Schlosslandschaft von Reckahn und nicht unbedingt seinem konkreten historischen Kontext arbeitet. Sobald der historisch konkrete Kontext ins Spiel käme würde man sich auf das Feld der Sagen und Legenden begeben, die in der Regel regional stark geprägt sind. Das Märchen kann und will das nicht und ist dennoch immer mit konkreten Lebensspuren durchsetzt, nämlich den Erfahrungen der Menschen, die das Märchen erzählen und weitergeben.

Während einer Schreibwerkstatt mit Kindern im Spätherbst 2014 entsteht im Schloss Reckahn das Schreibszenarium „Der Traum der Königin".

Die Geschichte entsteht genau dort, wo die Kinder selbst sind. Das Märchen wird in den Raum hinein erzählt, der uns alle umgibt. Der Raum und die kleinen Dinge aus der Märchenschachtel können auf einander bezogen werden. Während die Kinder der Erzählerin

lauschen, wandern ihre Augen über die Figuren des hölzernen Königspaares, aber auch zu den Fenstern, durch die das Licht in den Raum fällt. Im Fensterausschnitt sind die Wipfel der Bäume erkennbar und ein Stück Himmel. Wolken ziehen auf, vielleicht wird es bald regnen. Wenn man vom Fenster aus in den Park sieht, entdeckt man auch die verschiedenen Bänke und vielleicht sogar die Brücke, die irgendwohin führt. Wohin mag sie führen, wo beginnen und enden die Wege, die Spuren in die Landschaft legen?

Die Treppe hinunter, aus dem Schloss hinaus und in den Park hinein wandert jetzt die kleine Figur, die Königin, die hier zuhause ist. Sie mag diese Bäume und den Park, sie geht gern auf seinen Wegen spazieren, sie spielt mit den Tieren und liebt den Gesang der Vögel. Aber da ist noch etwas, etwas Schwieriges … Das hat mit dem Mond zu tun. Der Mond gehört auch in die Geschichte …

Die Kinder erleben, wie die Geschichte „zusammengebaut" wird. Sie sind Zuschauer und Akteure zugleich. Sie beobachten, wie eine der Figuren ihren Auftritt hat, dann etwas anderes an seine Stelle tritt – ein Schaf oder der kleine rote Stuhl oder doch lieber die Katze? Passt sie eventuell in das Erzählgeschehen? Immer wieder sind die Kinder aufgefordert, gedanklich umzusortieren. Die Mitspieler des Märchens zeigen sich ihnen und wollen ihre Plätze einnehmen. Und immer wieder tritt auch ein Wort auf die Erzählbühne, das seinen besonderen Auftritt bekommt: MOND, KÖNIGIN, NACHT … Das Echo der Worte ist im Raum und arbeitet sich in die Phantasie der Kinder hinein.

---

2   Vgl. Eva Maria Kohl, Michael Ritter. 2010

Requisiten aus der Märchenschachtel

Symbolkräftige Details vor Ort:
Schloss Bank Brücke Treppe Baum

Mit Wort und Ding zugleich wird also zunächst ein für Märchen klassischer Ausgangsort aufgebaut, ein Schloss. In dem Schloss lebt die Hauptperson der Geschichte, eine Königin, die aber keinen Vor - oder Familiennamen besitzt, sondern von vornherein als Figur einer Märchenhandlung stilisiert wird. Auch die anderen Personen werden lediglich an ihren hervorstechendsten Eigenschaften benannt: eine schwarze Katze, ein weisses Schaf. Genauso verfahren auch, wie schon oben erwähnt, die alten Märchen. Immer werden zu Beginn einer Erzählung eine oder mehrere Personen vorgestellt, die sich in einer bestimmten Ausgangslage befinden. Im beschriebenen Fall ist es also eine Königin, die bestimmte Vorlieben und Gewohnheiten hat, die an die konkreten Begebenheiten des Ortes Reckahn gebunden sind. In Schlosspark von Reckahn gibt es wunderbare alte Bäume, hier stehen verschiedene Bänke und Sitzgelegenheiten, hier ist eine besonders gewölbte Brücke zu bewundern, hier gibt es ganz sicher die verschiedensten Tiere zu beobachten und hier hat die Schlosstreppe, das ist tatsächlich so! genau dreizehn Stufen.

Nach der beschriebenen Ausgangslage muss, so will es das literarische Baumuster der Märchen, eine Notsituation eintreten. Etwas geschieht. In der konstruierten Märchenerzählung ist es die plötzliche Schlaflosigkeit der Königin, die bei Vollmond eintritt und die sie verwirrt. Etwas scheint unerklärlich zu sein, bedrängt die Personen, verlangt nach Aufklärung. Die Verwirrung artikuliert sich in den seltsamen Träumen der Königin. Träume sind sehr fragile Gebilde und agieren auf der Grenzlinie zwischen Bewusstem und Unbewusstem.

Kinder und Schlossbücher während der Schreibwerkstatt in Reckahn

Was hat die Königin geträumt? Was geschieht ihr im Traum?

Die Neugier der Kinder ist geweckt. Jetzt sollen sie selbst in den Park laufen und sich umsehen. Finden sie die Bank oder den Sitzplatz, an dem die Königin so gern ausruht? Welches ist der Lieblingsbaum der Königin? Wo steht die besondere Brücke? Und vor allem: wieviel Treppenstufen hat die Schlosstreppe auf der Vorderseite? Diese Treppenstufen scheinen ein Geheimnis zu haben ...

Die Kinder laufen hinaus in den Park. Sie finden die Brücke, die Bank und verweilen an den unterschiedlichsten Bäumen. Welches mag der Lieblingsbaum sein? Als sie die Treppenstufen am Schloss zählen, sind es tatsächlich dreizehn Stufen, eine böse Zahl in den Märchen, wie sie wissen. Hat es etwas zu bedeuten in der Geschichte?

In diesem Moment beginnt es zu regnen, vor die Landschaft wird ein dünner grauer Schleier gezogen, sie scheint sich wieder zurück zu ziehen.

Als die Kinder in den Raum zurückkommen, liegen Buntstifte, Scheren und Wachsmalkreide bereit. Die Schlossbücher aus farbigem Tonpapier sind bereits vorgefaltet, weil nur knapp zwei Stunden Zeit ist für das Geschichtenerfinden. Alle beginnen sofort mit dem Malen, Schneiden und Gestalten der Schlossbücher. Im Inneren der Bücher ist Platz für den Text, aber nicht für alle reicht die Zeit auch zum Schreiben. Aber alle Kinder halten am Ende ihr selbst gestaltetes Schlossbuch in der Hand mit einem eigenen Geschichtenanfang. Alle Kinder, auch diejenigen, die bisher keinerlei

Erfahrungen mit freiem oder kreativem Schreiben machen konnten, haben sich auf dieses Experiment eingelassen und Worte gefunden und Bilder gestaltet. Das Geschichtenerfinden war ein Spiel, ein geselliges noch dazu, und die Schreibwerkstatt im Schloss Reckahn wurde zum Spielort der eigenen Märchen der Kinder.

Der Traum der Königin

Es war einmal eine Königin. Die ging immer morgens nach dem Frühstück hinaus in ihren wunderschönen Park. In dem Park stand eine Brücke. Unter ihr floss kein Wasser. Neben der Brücke stand eine Birke mit fast goldenen Blättern. Im ganzen Park waren an jeder Stelle unterschiedliche Bänke, die mit verschiedenen Mustern dekoriert sind. Als abends einmal der Vollmond schien und der Vollmond rund und gelb über dem Park schien, konnte die Königin nicht einschlafen. Sie versuchte alles, aber sie konnte einfach nicht einschlafen. Am nächsten Tag war sie müde und schlecht gelaunt ...
Hannah, 10 Jahre

Der dritte Traum

Die Königin Goldener Mond ging nach einer Vollmondnacht auf den Wegen des Parks entlang. Als sie wieder ins Schloss ging, wurde ihr auf der ersten Treppenstufe schwindelig und sie schlief ein. Ihre Katze miaute und ihr Schaf bähte. Sie schlief und schlief und träumte. Sie konnte unter die Treppe schauen und da war ein goldener Baum. Er sagte zu ihr: „Sage diesen Spruch und du wirst so viel Gold bekommen, wie du willst. Der Spruch ist: ich will, ich will Gold, Gold, Gold, ich will, ich will Gold. Hast du es verstanden?" „Ja", sagte sie verdattert und wachte auf ...
Anne, 10 Jahre

Sitzplätze im Schlosspark von Reckahn

Der Traum der Königin

Es war einmal eine Königin namens Eila. Eines Tages ging sie in den Schlosspark und setzte sich auf eine Bank und schlief ein. Sie träumte, dass sie in einer Welt voller Gefahren leben würde. Sie befand sich in dem Schlosspark und ging zum Schloss. Sie wunderte sich, weil da fünfzehn Treppenstufen sind, obwohl es in echt dreizehn sind. Dann wachte sie auf und rannte zu ihrem Mann und sagte: „Zähle die Treppenstufen nach!"
Lars, 10 Jahre

Weitere Fundstücke für Märchen im Schloss Reckahn

Auf der Suche nach symbolkräftigen Details im Schloss Reckahn, die zum Geschichtenerfinden einladen, kann man in der Dauerausstellung die Vitrine mit den Äpfeln und die beiden prunkvollen Königsstühle und im Cafe den schönen alten bemalten Kachelofen entdecken. Die bemalten Ofenkacheln, die biblische Legenden wie die vom verlorenen Sohn zeigen, bieten sich als **Erzählbilder** an.

beispielsweise zu Zauberäpfeln werden, die magische Kräfte besitzen, ihre Gestalt wechseln, durch die Welt wandern, verloren gehen und wiedergefunden werden. Ein Erzählanfang wie dieser kann die Fabulierlust der Kinder in Gang setzen.

Der Prinz aus dem Apfelschloss

Es waren einmal zwölf Äpfel, die neben einander auf einer Bank lagen. Erst hatten sie am Baum gehangen. Aber nun war der Sommer vorbei und sie waren herunter gefallen. Was wollt ihr werden? fragte die Bank. Werdet ihr ein Apfelkuchen? Oder Apfelmus? Oder hebt man euch auf für Weihnachten, weil ihr so schöne rote Backen habt?
Die Äpfel wussten es nicht.
Da sagte der, der ganz oben in der Ecke lag: Ich werde ein Prinz und mache mich auf den Weg in mein Apfelschloss ... [3]

Die beiden prächtigen **Königsstühle** in der Dauerausstellung bieten sich als Erzählimpuls für Königsmärchen an. Im Park trifft man auf weitere und ganz unterschiedliche Sitzgelegenheiten. Welche Geschichte

Der **Apfel** ist in seiner Symbolik sehr ambivalent. Steht er einerseits als Zeichen für Fruchtbarkeit und Leben, begegnen wir ihm als verbotene Frucht im christlichen Schöpfungsmythos bei Adam und Eva im Paradiesgarten. Den Kindern bekannt dürfte das Märchen vom Schneewittchen sein, wo der vergiftete Apfel dem schönen Mädchen den Tod bringen soll.

In einem zu erfindenen **Apfelmärchen** könnten die Äpfel ganz andere Rollen bekommen und

nimmt hier Platz? Welche hat dort schon einmal gesessen und sich nun versteckt? Die unsichtbaren, die schlafenden Geschichten rufen die Kinder: Fang mich, weck mich auf, hol mich zu dir, ich warte auf dich!

Literatur
Eva Maria Kohl, Kinder & Märchen. Was Erwachsene wissen sollten. Friedrich Verlag, Seelze 2014
Eva Maria Kohl. Michael Ritter, Schreibszenarien. Wege zum kreativen Schreiben in der Grundschule. Friedrich Verlag Seelze 2010

3   Vgl. Downloadmaterial (M4) zu: Kohl 2014

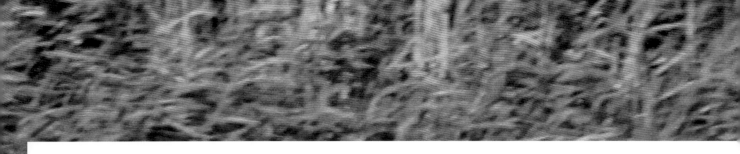

BODO RUDOLPH

Flora und Fauna der Reckahner Teiche

1. Zur Einführung

Die Pflanzen- und Tierwelt eines kleinen abgegrenzten Gebietes ist maßgeblich abhängig von den Böden und dem Wasserhaushalt. Die Teiche liegen im Plane-Temnitz-Abschnitt der Baruther Urstromtalung (siehe Beitrag Stackebrandt).[1] Da sie am Rand des Urstromtales liegen, sind wir in einem Übergangsbereich von sehr feuchten zu trockeneren Standorten. Die Böden sind einerseits den Böden der Niederungen aus vorherrschend glazifluvialen bis fluvialen Sedimenten und andererseits den Böden der Niederungen aus organogenen Sedimenten zu zuordnen. Der östliche Teil der Teiche einschließlich Gutspark wird von Braunerde-Gley aus Sand über Urstromtalsand geprägt, der westliche Teil aus Gleye, Humus- bis Anmoorgleye und Erdniedermoore aus Torf.[2]

Das Landschaftsbild der Teiche wird durch die Bäume, die Röhrichte und die Meßdunker Kirche geprägt. Auch die Windräder auf der Zauche sind in Blickrichtung Nord zu sehen.

Eine gezielte floristische Untersuchung des Teichgebietes findet sich bisher in keiner Quelle. Besser sind wir über den Gutspark (siehe Beiträge Kummer und Tosch) informiert. Dennoch lässt sich die Pflanzenwelt im Überblick beschreiben.

Naturfreunde und Ornithologen eilen insbesondere wegen der reichen Vogelwelt (siehe Beitrag Krumenacker) seit Jahrzehnten in das Gebiet, um von den Wegen und den Stellen, wo das Abfischen erfolgt(e), auf die

Teiche zu schauen. Sie beobachten und zählen Vögel, wobei die Zug- und Rastvögel besonderes Interesse wecken. Immer wieder und regelmäßiger als anderswo tauchen seltene oder im Binnenland nur an wenigen Plätzen zu beobachtende Arten auf. So gesehen, bieten die Teiche geradezu einen Naturgenuss.

2. Die Flora

Schwarz-Erle, Gewöhnliche Esche, Schwarz-Pappel, Hänge-Birke, Gewöhnliche Wald-Kiefer, Stiel-Eiche und Rot-Buche sowie Silber- und Sal-Weide sind an den Teichrändern bzw. Dämmen die prägenden Gehölze. Von den einst angepflanzten großen Schwarz-Pappeln wurden bereits die ersten gefällt. Die anderen werden folgen und aus dem Landschaftsbild verschwinden. Besonders hervorzuheben ist das Rot-Buchenwäldchen am unmittelbaren Nordrand von Teich 3 (siehe die Teichkarte im Beitrag Pachali, Abb. 2). Dieses kleine Flächennaturdenkmal (FND) „Orchideenwäldchen Reckahn" ist 0,22 ha groß und beherbergt neben dem schützenswerten Baumbestand das einzige Orchideenvorkommen an den Teichen. Jährlich blühen 20 bis 50 Exemplare vom Gewöhnlichen Breitblättrigen Stendelwurz – *Epipactis helleborine* (Abb. 1) und werden von den Besuchern kaum bemerkt, da die Blüten

Abb 1: Breitblättriger Stendelwurz (*Epipactis helleborine*)

Foto: Rudolph

---

1   Marcinek, Joachim & Lutz Zaumseil: Landeskundlicher Überblick, Abschnitt Naturraum und Landschaft, Unterabschnitt Oberflächenformung und naturräumliche Gliederung, Seite 4, in LANDSCHAFTEN IN DEUTSCHLAND Werte der deutschen Heimat, Band 69, herausgegeben von Sebastian Kinder und Haik Thomas Porada, Böhlau Verlag Köln, Weimar, Wien, 2006

2   Ebenda, Unterabschnitt Böden, Seite 9

Foto: Rudolph

Abb 3: Landkärtchen (*Araschnia levana*)

recht unscheinbar sind. Manche Blüten sind rein grün andere enthalten Farbanteile von rosa und weinrot. Große Exemplare haben viele Einzelblüten. Im Jahr 2013 konnte der Autor insgesamt 48 Pflanzen und bei einem Exemplar mit 46 Einzelblüten zählen. Der überwiegende Teil der Orchideen steht direkt am Wegesrand, so dass das Wäldchen selbst nicht betreten werden muss, um die Orchideen zu sehen. Entdeckt wurde das Vorkommen am 11.08.1958 von Heinz Wawrzyniak. Die Unterschutzstellung erfolgte am 01.12.1982.

Eine schöne zweistämmige Stiel-Eiche – *Quercus robur* steht an der Ostseite von Teich 5 und sei dem Besucher empfohlen.

An den Teichrändern ist das Gewöhnliche Schilf – *Phragmites australis* dominierend. Zu finden sind aber auch Breitblättriger Rohrkolben – *Typha latifolia* (Abb. 2) und Schmalblättriger Rohrkolben – *T. angustifolia*, Flatterbinsen – *Juncus effusus* und verschiedene Seggenarten. Die Zeiten als der Wasser-Knöterich – *Persicaria amphibia* einzelne Teiche nahezu ganz bedeckte und das Auge des Naturfreundes erfreute, liegen weit zurück. An jenen Stellen zeigen sich heute aber die kleinen weißen Blüten einer Wasserhahnenfußart – Ranunculus sp. Im Spätsommer erfreuen die Blüten von Sumpf-Weidenröschen – *Epilobium palustre* und Wasserdost

Abb 2: Breitblättriger Rohrkolben – (*Typha latifolia*)

Foto: Rudolph

– *Eupatorium cannabinium*. Letzterer zieht zahlreiche Schmetterlinge (Abb. 3) an. Am Südrand von T5 – das Waldgebiet liegt heute im Naturschutzgebiet und darf deshalb nicht betreten werden – existiert unter dem Blätterdach von Erlen und Eschen ein Vorkommen vom Großblütigem Springkraut oder Rühr mich nicht an – *Impatiens noli-tangere*.

Der Baumbestand des nahen Gutsparks (siehe Beiträge Kummer und Tosch) ist erfasst und katalogisiert.[3] In der Krautschicht finden sich die typischen Arten frischer und nährstoffreicher Laubwälder. Dazu zählen Gefleckte Taubnessel – *Lamium maculatum*, Moschuskraut – *Adoxa moschatellina*, Gewöhnliches Flattergras – *Milium effusum*, Hain-Rispengras – *Poa nemoralis*, Gewöhnliches Scharbockskraut – *Ranunculus ficaria* und Gewöhnliches Maiglöckchen – *Convallaria majalis*. Hinzu kommen verwilderte Nutz- und Zierpflanzen wie Stachelbeere, Schneeglöckchen, Dolden-Milchstern und Wohlriechendes Veilchen.[4]

3. Historisches zur Fauna und den Teichen

Anton Friedrich Büsching (1724 – 1793) besuchte Friedrich Eberhard von Rochow (1734 – 1805) im Jahr 1775 in Reckahn und übermittelt uns in seiner Reisebeschreibung eine konkrete faunistische Beobachtung vom Morgen des vierten Junius: „Früh morgens als eben die Sonne aufgegangen war, erwachte ich schon wieder von dem süssen Schlaf der mich erquickt und gestärkt hatte, und hörte sogleich die lieblichen Töne der anmutigen Sängerin Nachtigall".[5]

3 Mortell, Heike und Chris Rappaport: Gutspark Reckahn, Gartenhistorische Studie, herausgegeben von den Ortschronisten Potsdam-Mittelmark, Arbeitsmaterial 1, Reckahn 1998

4 Kinder, Sebastian und Haik Thomas Porada: LANDSCHAFTEN IN DEUTSCHLAND Werte der deutschen Heimat, Band 69, Abschnitt Reckahn und Meßdunk, Seite 327 , Böhlau Verlag Köln, Weimar, Wien, 2006. Die Bearbeitung der Flora in diesem Buch lag in den Händen von Dr. Heinz-Dieter Krausch.

5 Anton Friedrich Büsching: Beschreibung seiner Reise von Berlin

Abb. 4: Luftbild der Teiche

Friedrich Eberhard von Rochow war naturwissenschaftlich interessiert, engagiert und zum Ehrenmitglied der „Berliner Gesellschaft der naturforschenden Freunde" berufen.[6] Ziel der Gesellschaft war es: „die Erscheinungen und Merkwürdigkeiten der Natur, soviel in ihrer Gewalt ist, genau zu erkennen." Rochow publizierte über von ihm beobachtete Naturphänomene in den Zeitschriften der Gesellschaft und finanzierte Preisfragen zur Naturbeobachtung oder lieferte für den berühmte Naturforscher und jüdischen Arzt Marcus Elieser Bloch beispielsweise einen Kranich.[7]

Den Schülerinnen und Schülern seiner Dorfschulen vermittelte Rochow folgende Geschichte in seinem Lesebuch „Der Kinderfreund".[8]

Das Vogelnest
Karl nahm alle Vogelnester um das ganze Dorf her aus, fing die Alten bey dem Neste, und quälte dann die Vögel, bis sie todt waren. Dadurch gewöhnten sich alle Vögel von dieser Gegend weg; und im Frühjahr, da sonst durch den

Gesang der Vögel alles erfreuet wird, war es bey diesem Dorfe traurig und still. Aber es gab auch so viel Raupen und Gewürm daselbst, daß die Leute kein grünes Blatt behielten, und also von ihren Bäumen kein nützliches Obst bekamen. Denn alles ist von Gott zum Nutzen mit großer Weisheit eingerichtet. Die kleinen Vögel singen schön, und verzehren für sich und ihre Jungen, sehr viel Raupen und Würmer, welche den Baum- und Gartenfrüchten schädlich sind.
Der Mensch hat nach Gottes Erlaubnis die Herrschaft über die Thiere, daß er sie zu seinem Nutzen tödten kann; aber quälen muß er sie nie, auch nicht aus Muthwillen tödten.

Eine andere interessante Nachricht zu Reckahn finden wir in einer Avifauna von 1919. Der Autor Herman Schalow (1852-1925) berichtet über ornithologische Forschungen in der Mark Brandenburg und erwähnt Johann Matthäus Bechstein (1757-1822), der in seinem Buch der „Gemeinnützigen Naturgeschichte Deutschlands" auch Angaben zu Brandenburg macht. Schalow hält fest:
„... und [Bechstein] weilte mit VON ROCHOW sieben Wochen zu Rekahn, wo er nun eine vortreffliche Jagd fand. In jenen flachen Gegenden fand er namentlich viele Sumpf- und Wasservögel und erforschte ihre Lebensart, wozu außer einigen nahen großen Teichen [siehe Beitrag Schmitt, Abb. 11] und entfernteren Seen die Ufer der auf weiten Strecken seebreiten Havel volle Gelegenheiten boten, und wo er Vögel entdeckte, die in seiner heimatlichen Gegend niemals oder doch nur höchst selten an einigen größeren Teichen und dem jetzt ausgetrockneten Schwanensee vorkamen"[9]

über Potsdam nach Reckahn unweit Brandenburg welche er vom dritten bis achten Junius 1775 gethan hat. Leipzig 1775. Neudruck bearbeitet und hrsg. von Gerd-H. Zuchold. Berlin 2006. Das Buch enthält einen kompletten modernisierten Nachdruck von Büschings Reisebeschreibung. Diese Reisebeschreibung ist ein wichtiges geografisches Werk ihrer Zeit und für die Regionalgeschichte entlang von Büschings Reiseweg mit der Kutsche eine unschätzbare Fundgrube. Um die historischen Zusammenhänge, Namen und Orte, aber auch das Gebräuchliche und Alltägliche dieser Zeit zu verstehen, fügte der Herausgeber Zuchold umfängliche Erläuterungen (über 400 Seiten) an. Sie überraschen mit ihrer Detailliertheit und lassen erahnen, welch große Forschungsarbeit nötig war, um diesen Quellenfundus zusammen zu tragen. Für einen Geschichtsinteressierten sei dieses Buch überaus empfohlen.

6   Schmitt, Hanno: Friedrich Eberhard von Rochows Mitgliedschaft in der Gesellschaft Naturforschender Freunde zu Berlin. In: Aufklärung der Öffentlichkeit – Medien der Aufklärung. Hrsg. v. Rudolf Stöber, Michael Nagel, Astrid Blome und Arnulf Kutsch. Stuttgart 2015, S. 193-216.

7   Vgl. Ebd. S. 204.

8   Rochow, Friedrich Eberhard von: Der Kinderfreund – Ein Lesebuch zum Gebrauch in Landschulen, Faksimiledruck der Ausgabe Frankfurt 1776, herausgegeben von Hanno Schmitt und Frank Tosch, Universität Potsdam, Potsdam 1994

9   Schalow, Herman: Beiträge zur Vogelfauna der Mark Brandenburg, 1919, Reprint auf Grundlage eines Originals aus dem Besitz der Stadt- und Landesbibliothek Potsdam, herausgegeben von der Arbeitsgemeinschaft Berlin-Brandenburgischer Ornithologen (ABBO) im NABU, Rangsdorf 2004. Herman Schalows Buch lieferte die erste umfassende Übersicht über die Vogelwelt der Mark. Neben seiner Beschreibung der Vogelwelt sind die umfänglichen Kapitel zur ornithologischen Forschung und die „folkloristische Mitteilungen" von besonderem Wert.

Abb. 5: Höckerschwan (*Cygnus olor*). Foto Rudolph

Interessant sind die Kartendarstellungen auf den topografischen Karten der preußischen Uraufnahme von 1842 (siehe Abb. 10 im Beitrag Schmitt). Das Gebiet, wo sich heute die Teichanlage befindet, ist als Wiesengelände hellgrün gekennzeichnet. Zwei Flurbezeichnungen sind eingetragen „Lämmerspännung" und „die Gehren". Hinweise für eine Teichanlage fehlen. Auf sehr nasse sumpfige Wiesen weisen Flurnamen im Umfeld hin, wie nordwestlich vom Schloss das „Moosbruch" oder die „Rieselwiesen" am Zusammenfluss von Großem und Kleinem Temnitz-Graben. Nicht weit entfernt von Reckahn finden wir im Dreieck der Orte Grüneiche-Golzow-Lucksfließ (auf der Karte als Luckenfliess bezeichnet) den Flurnamen „Teichwiesen" – ein ca. 15 ha großes Wiesengelände südlich der neuen Plane.[10]

4. Die Avifauna (Vogelwelt)[11]

Wer sich etwas Zeit und einen Picknick mitbringt, kann sich im Verlaufe einiger Stunden dem Tagesrhythmus der Vögel an den Teichen (siehe Beitrag Krumenacker) hingeben. Er wird das Trompeten der Kraniche im nahen Strepenbusch[12] hören und den Jagdzug der im Krahner Busch brütenden Seeadler beobachten. Gänse,

Enten und Watvögel fliegen ein und verlassen die Teiche wieder. Die einen fliegen nur auf nahe Felder, um Nahrung aufzunehmen, um dann zum Trinken und Ruhen wieder zu kommen. Watvögel bleiben oft nur einen oder wenige Tage, um dann weiter zu fliegen. Sie folgen ihrem Zugtrieb. Im Frühjahr wandern sie nach Norden in die Brutgebiete und im Herbst nach Süden, um den Winter in wärmeren Gefilden zu verbringen.

An den Teichen wurden bisher ca. 160 Vogelarten beobachtet. Der Naturfreund kann sich nachfolgend über die zu erwartenden Arten informieren. Dabei blicken wir auf den zurückliegenden Zeitraum von ca. 60 Jahren.

Die Schwäne

Der Höckerschwan – *Cygnus olor* (Abb. 5) zählt zu den typischen und regelmäßigen Brut- und Gastvögeln an den Teichen. Seine Brutpaarzahl schwankt zwischen 1 und 6. In den letzten Jahren brüteten 1-2 Paare. Bei gutem Nahrungsangebot können sich bis zu 70 Höckerschwäne als Nahrungsgäste einfinden. Zu den Zugzeiten rasten sehr selten auch mal kleine Trupps von Sing- und Zwergschwänen (*C. cygnus und C. columbianus*).

Die Gänse

Heute fast ständig im Gebiet anzutreffen ist die Graugans – *Anser anser*. Sie „entdeckte" die Teiche erst

Abb. 6: Graugänse (*Anser anser*)

---

10 Urmesstischblatt 3641, Brandenburg an der Havel-Göttin, Reprint der Preußischen Kartenaufnahme 1:25.000 – Uraufnahme – 1842, herausgegeben vom Landesvermessungsamt Brandenburg 1999 (heute Landesvermessung und Geobasisinformation Brandenburg, geobasis-bb.de)

11 Die zusammengefasste Darstellung der Vogelwelt basiert auf Daten zahlreicher Ornithologen und Daten des Autors, der die Teiche seit über 35 Jahre besucht. Wichtige Quellen sind neben zahlreichen Handschriften die ornithologischen Jahresberichte, die in der Zeitschrift OTIS der Arbeitsgemeinschaft Berlin-Brandenburgischer Ornithologen seit 1995 erscheinen, siehe abbo-info.de und die Datenbank labboa.de.

12 Der Wald, der westlich und südlich an den T5 (T5 wird umgangssprachlich auch als Rieselteich bezeichnet.) angrenzend, heißt Strepenbusch und ist Bestandteil des Naturschutzgebietes „Krahner Busch". Das Naturschutzgebiet hat eine Größe von 176 ha und umfasst alle noch erhaltenen Niederwaldteile einschließlich des sogenannten Bärendunk eine bewaldete Talsandinsel (Verordnung vom 29. Mai 1997).

Anfang der 1980er Jahre. Im Sommer 1980, am 27.07., rasteten 83 Graugänse (Abb. 6) im Gebiet. Darunter waren Familien mit flüggen Jungvögeln. Im Jahr 1986 begannen Graugänse auch zu brüten, zuerst ein, 1987 dann zwei Paare. Der Brutbestand stieg bis auf mindestens 12 Brutpaare und liegt heute bei 5-10. Auch Nichtbrüter und Durchzügler sind in manchen Jahren anzutreffen, wie 2013 mit maximal 340 Exemplaren. Zur Zugzeit finden sich auch nordische Saat- und Blässgänse (*A. fabalis und A. albifrons*) ein. Andere Gänsearten sind nur selten zu sehen. Bisher beobachtet wurden Brand-, Streifen- (*Tadorna tadorna, Anser indicus*) und neuerdings auch die Nilgans (*Alopochen aegyptiacus*).

Die Enten

Sehr artenreich sind die Enten vertreten. Als Brutarten wurden bisher Stockente (*Anas platyrhynchos*), Schnatterente (*A. strepera*), Knäkente (*A. querquedula*), Tafelente (*Aythya ferina*), Reiherente (*A. fuligula*) und Schellente (*Bucephala glangula*) nachgewiesen. Zur Brutzeit anwesend und vermutlich Brutvögel sind in den letzten Jahren auch Löffelente (*Anas clypeata*) und Krickente (*A. crecca*). In der dichten wasserständigen Vegetation im T1 finden sie beste Versteckmöglichkeiten. Zu den Zugzeiten werden regelmäßig auch Spießente (*Anas acuta*) und Pfeifenten (*A. penelope*), Gänsesäger (*Mergus merganser*) oder selten bzw. ausnahmsweise Kolbenente (*Netta rufina*), Moorente (*Aythya nyroca*), Trauerente (*Melanitta nigra*), Samtente (*M. fusca*) und Bergente (*Aythya marila*) sowie der Zwergsäger (*Mergus albellus*) beobachtet. In den letzten Jahren ist die Krickente der häufigste Durchzügler. Sie ist zahlenmäßig kaum zu erfassen, da sich die Tiere meist in den Vegetationsbereichen von T1 aufhalten.

Die Hühnervögel

Der Jagdfasan (*Phasianus cholchicus*) siedelt seit Jahrzehnten mit einigen wenigen Brutpaaren im Gebiet.

Die See- und Lappentaucher

In der Brutzeit ist der Haubentaucher (*Podiceps cristatus*) im Gebiet gut zu beobachten. Je nach den Wasserverhältnissen brütet er in kleiner oder größerer Zahl. Mit ca. 25 Brutpaaren erreichte der Haubentaucher 1986 seinen höchsten Brutbestand. Jahrzehnte war auch der Zwergtaucher (*Tachybapthus ruficollis*) regelmäßiger

Brutvogel mit bis zu 5 Brutpaaren. In den zurückliegenden drei Jahren gibt es trotz guter Brutbedingungen aber keine Hinweise mehr. Mehrfach hat auch der Rothalstaucher (*Podiceps grisegena*) mit 1-2 Paaren gebrütet und kann aktuell wieder in den extensiv bewirtschafteten Teichen als Brutvogel erwartet werden. Vom Schwarzhalstaucher (*Podiceps nigricollis*) liegt nur ein Brutnachweis aus dem Jahr 1993 vor. Auf dem Zug tauchen selten oder ausnahmsweise auch Ohrentaucher (*Podiceps auritus*) und Prachttaucher (*Gavia arctica*) auf.

Der Kormoran (*Phalacrocorax carbo*)

In den 1980ziger Jahren konnten nur selten einzelne Exemplare gesichtet werden, um dann stetig häufiger zu werden. Sie können an bewirtschafteten Teichen großen Schaden anrichten und wurden deshalb von den Fischern vergrämt. Die nachgewiesene Maximalzahl von 110 Tieren wird allerdings seit der Umstellung auf extensive Bewirtschaftung nicht mehr annähernd erreicht, sondern liegt bei 2-5 Exemplaren.

Die Reiher und Störche

Der Weißstorch (*Ciconia ciconia*) (siehe Abbildungen im Beitrag Krumenacker) hat Nester in Reckahn, Meßdunk und in der Stallanlage zwischen den Dörfern. Nur in wenigen Jahren waren alle drei Nester besetzt. Regelmäßig brüten zwei Paare. Deshalb ist der Weißstorch häufiger Nahrungsgast an den Teichen. Der Schwarzstorch (*Ciconia nigra*) (Abb. 7) ist zu den Zugzeiten in 1-2 Exemplaren zu beobachten. Es gab aber auch Jahre, als regelmäßig Schwarzstörche in der Brutzeit erschienen. Vermutlich handelte es sich dabei um Tiere von den nächstgelegenen Brutplätzen im Fläming.

Abb. 7: Schwarzstörche (*Ciconia nigra*)

Foto: Krumenacker

Foto: Krumenacker

Abb. 8: Graureiher (*Ardea cinerea*)

Foto: Krumenacker

Abb. 9: Schwarzmilan (*Milvus migrans*)

Foto: Rudolph

Abb. 10: Kiebitze (*Vanellus vanellus*)

An den Teichen sind regelmäßig und manchmal auch häufige Nahrungsgäste der Graureiher (*Ardea cinerea*) (Abb. 8) mit bis 230 Exemplaren in den Zeiten intensiver Fischwirtschaft, heute maximal 30, und der Silberreiher (*Egretta alba*) mit bis zu 159 Exemplaren (siehe Beitrag Pachali, Abb. 6). Der Graureiher wurde in den 1980er Jahren auch noch geschossen.

Die Rohrdommel (*Botaurus stellaris*) hat bisher vermutlich nur ausnahmsweise gebrütet. Selbst in Jahren, wo sie zur Brutzeit anwesend war, blieb fraglich, ob sie brütete. Sie ist aber regelmäßiger Durchzügler. Nachweise der Zwergdommel (*Ixobrychus minitus*) liegen weit zurück. Allerdings hat sich die Habitatqualität für sie sehr verbessert und kann deshalb sogar als Brutvogel erwartet werden.

Die Greifvögel

Da wo Fische, Amphibien und viele Vögel sind, sind Greifvögel zu erwarten. An den Teichen brütet die Rohrweihe (*Circus aeruginosus*) mit 1 Brutpaar (in den 1980er Jahren waren es bis 3 Brutpaare) und im Umfeld Seeadler (*Haliaeetus albicilla*) (siehe Beitrag Pachali, Frontispiz), Rot- und Schwarzmilan (*Milvus milvus* und *M. migrans*) (Abb. 9), Mäusebussard (*Buteo buteo*) und früher auch der Wespenbussard (*Pernis apivorus*). Jagende Baumfalken (*Falco subbuteo*), Wanderfalken (*Falco peregrinus*), Habichte und Sperber (*Accipiter gentilis* und *A. nisus*),

regelmäßig Fischadler (*Pandion haliaetus*), sind zu beobachten und haben im weiteren Umfeld ihre Brutplätze.

Der Seeadler war in den 1960er Jahren eine Attraktion und lockte auch Vogelfreunde aus Potsdam und Berlin an die Teiche, galt er doch als südwestlichstes Brutpaar der Mark. Bei einer Wasservogeljagd wurde dann 1963 ein Altvogel geschossen.[13] Da der verbliebene Altvogel keinen Partner mehr fand, ging das Vorkommen verloren. Es dauerte über 40 Jahre bis der Seeadler wieder zurückkam.

Die Rallen

Zu den Brutvögeln zählen Blässhuhn (*Fulica atra*), Teichhuhn (*Gallinula chloropus*) und vermutlich die Wasserralle (*Rallus aquaticus*). Spätsommerbeobachtungen liegen aus den letzten Jahren auch vom Tüpfelsumpfhuhn (*Porzana porzana*) vor. In den 1970er und 1980er Jahren wurden im August bei der alljährlichen großen Entenjagd dutzende Blässhühner geschossen. 1982 war ein beringtes Tier dabei, das aus Holland stammte (Ring 6.043.726, Vogeltrekstation Arnem).

---

13 Feiler, Manfred (in Rutschke, Erich 1983): Die Vogelwelt Brandenburgs, Jena 1983

Foto: Rudolph

Abb. 11: Dunkle Wasserläufer (*Tringa erythropus*)

Der Kranich (Grus grus)

Die Teiche werden seit einigen Jahren vom Kranich (siehe Beitrag Krumenacker) als Schlafplatz mit bis zu 150 Exemplaren genutzt. Im unmittelbar angrenzenden Strepenbusch brütet er seit vielen Jahren und taucht dann mit seinen Jungen auch an den Teichen auf.

Die Watvögel

Bisher wurden 32 verschiedene Watvogelarten festgestellt. Zu den Zugzeiten sind meist 6-8 Arten gleichzeitig anwesend. Am häufigsten ist der Kiebitz (*Vanellus vanellus*) (Abb. 10) mit bis zu 1300 Tieren, gefolgt von Bruchwasserläufer (*Tringa glareola*) und Bekassine (Gallinago gallinago) mit über 300 Tieren. Mit 100-150 Exemplaren wurden bisher Kampfläufer (Philomachus pugnax) und Dunkler Wasserläufer (*Tringa erythropus*) (Abb. 11) angetroffen. Waldwasserläufer (*Tringa ochropus*), Goldregenpfeifer (*Pluvialis apricaria*) bzw. Flussregenpfeifer (*Charadrius dubius*) wurden bisher mit 30 bis 40 Exemplaren notiert. Nachweise von 10 bis 30 Exemplaren liegen vor vom Flussuferläufer (*Actitis hypoleucos*), Sandregenpfeifer (*Charadrius hiaticula*), Alpenstrandläufer (*Calidris alpina*), Zwergstrandläufer (*Calidris minuta*), Temminckstrandläufer (*Calidris temminckii*) und Grünschenkel (*Tringa nebularia*). Die weiteren Artnachweise – angegeben ist der bisherige Maximalwert – betreffen Sichelstrandläufer 4 (*Calidris ferruginea*), Knutt 3 (*Calidris canutus*), Graubruststrandläufer 1 (*Calidris fuscicollis*), Spitzschwanz-Strandläufer 1 (*Calidris acuminata*),

Sanderling 1 (*Calidris alba*), Rotschenkel 8 (*Tringa totanus*), Teichwasserläufer 1 (*Tringa stagnatilis*), Seeregenpfeifer 1 (*Charadrius alexandrinus*), Kiebitzregenpfeifer 8 (*Pluvialis squatarola*), Steppenkiebitz 1 (*Chettusia gregaria*) (siehe Beitrag Pachali, Abb. 4), Sumpfläufer 2 (*Limicola falcinellus*), Odinshühnchen 2 (Phalaropus lobatus), Austernfischer 1 (*Haematopus ostralegus*), Säbelschnäbler 4 (*Recurvirostra avosetta*), Brachvogel 3 (*Numenius arquata*), Regenbrachvogel 2 (*Numenius phaeopus*), Uferschnepfe 4 (*Limosa limosa*) und Pfuhlschnepfe 1 (*Limosa lapponica*). Brutvögel sind unregelmäßig Flussregenpfeifer und Kiebitz. Seltener Wintergast an Gräben und Teichufern ist der Waldwasserläufer.

Die Möwen und Seeschwalben

Einige Möwen sind fast immer zu Gast an den Teichen. Es sind meist Lachmöwen (*Larus ridibundus*) in kleinen Trupps. Selten sind einmal hundert bis maximal 300 Tiere zu sehen. Ausnahmsweise haben auch schon einmal Möwen an den Teichen gebrütet. Es handelte sich 1993 um 2 Brutpaare Silbermöwe/Weißkopfmöwe (*L. argentatus/cachinans*). Es gibt parallele Bestimmungen für beide Arten aus der Brutzeit. Unregelmäßig und nur als Durchzügler oder kurzzeitig zur Rast können auch Flusssee-, Trauersee- und Weißflügelseeschwalbe (*Sterna hirundo, Chlidonias niger, C. leucopterus*) beobachtet werden. Selten notierte Möwenarten sind Sturm-, Silber-, Zwerg- (*Larus canus, L. argentatus, L. minitus*) und ausnahmsweise Schmarotzerraubmöwe (*Stercorarius parasiticus*).

Foto: Rudolph

Foto: Rudolph

Foto: Rudolph

Foto: Rudolph

Foto: Rudolph

Abb. 12: Drosselrohrsänger (*Acrocephalus arundinaceus*)

Abb. 13: Eisvogel (*Alcedo atthis*)

Abb. 14: Mönchsgrasmücke (*Sylvia atricapilla*)

Abb. 18: Biberfraßplatz

Abb. 15: Feldsperlinge (*Passer montanus*)

Abb. 19: Teichfrosch (*Rana esculenta*)

Abb. 16: Wildschwein (*Sus scrofa*)

Abb. 20: Erdkröte (*Bufo bufo*)

Abb. 17: Reh (*Capreolus capreolus*)

Die Tauben

Allgegenwärtig ist die Ringeltaube (*Columba palumbus*). Sie brütet in den umliegenden Gehölzen. In den Schwarzspechthöhlen der Buchen am T3 und im Gutspark siedelt die scheue Hohltaube (*Columba oenas*). Sie ist eher zu hören als zu sehen. Ab und zu tauchen Türkentauben (*Streptopelia decaocto*) auf, die in den Ortschaften brüten. Die Turteltaube (*Streptopelia turtur*) lebt versteckt im Krahner Busch.

Die Eulen

Sie sind durch den Waldkauz (*Strix aluco*) vertreten, der im reichen Höhlenangebot gute Nistmöglichkeiten findet. Als die kleine Meßdunker Kirche noch nicht saniert war, konnte der Waldkauz auch darin beobachtet werden.

Weitere ausgewählte Vogelarten

Typische Brutvogelarten sind an den Teichen auch Drosselrohrsänger (*Acrocephalus arundinaceus*) (Abb. 12, 14), Teichrohrsänger (*Acrocephalus scirpaceus*), Rohrammer (*Emberiza schoeniclus*) und der Eisvogel (*Alcedo atthis*) (Abb. 13). Der Drosselrohrsänger brütet 1980 mit 4 Paaren an den Teichen und fehlte dann vier Jahre. Ab 1985 siedelten wieder einzelne Paare. 1999 sangen 9 und 2014 7 Männchen. In den angrenzenden Gehölzen und Baumreihen sind Nachtigall (*Luscinia megarhynchos*), Kleiber (*Sitta europaea*), Buntspecht (*Dendrocopos major*), Grünspecht (*Picus viridis*) und Schwarzspecht (*Dryocopous martius*) oft zu hören. Da leben auch Garten- und Mönchsgrasmücke (*Sylvia borin, S. atricapilla*). Wo es etwas offener ist, kann der Neuntöter (*Lanius collurio*) beobachtet werden. Selten tauchen Beutelmeise (*Remiz pendulinus*) und Bartmeise (*Panurus biarmicus*) auf. Seit wenigen Jahren scheint der Schilfrohrsänger (*Acrocephalus schoenobaenus*) im nicht gefluteten T3 zu brüten. An der Plane meist nahe am Schloss siedelt die Gebirgsstelze (*Motacilla cinerea*) mit einem Brutpaar. Sie besucht die Teiche zur Nahrungssuche ebenso wie Bachstelze (*M. alba*), Schafstelze (*M. flava*) und Star (*Sturnus vulgaris*) oder auch auf dem Zug. Mit Thunberg- (*Motacilla thunbergi*) und Maskenschafstelze (*M. feldegg*)

Foto: Krumenacker

machten auch schon seltene Singvögel Rast auf den Watflächen. Über den Wasserflächen der Teiche jagen Mauersegler (*Apus apus*), Rauchschwalben (*Hirundo rustica*), Mehlschwalben (*Delichon urbica*) und Uferschwalben (*Riparia riparia*). Stets anwesend sind Nebelkrähe und Rabenkrähe (*Corvus cornix, C. corone*) und selten fehlt das Kreischen oder die Rufe vom Eichelhäher (*Garrulus glandarius*) und Kolkrabe (*Corvus corax*). In der Brutzeit durchstreifen Kuckuck (*Cuculus canorus*) das Gebiet, um ihre Eier in fremde Nester zu legen. Die schönen Rufe des Pirols (*Oriolus oriolus*) sind von Mai bis Juli aus dem Gutspark und dem Krahner Busch zu hören.

5. Die weitere Fauna

Die Säugetiere sind an den Teichen u. a. mit Wildschwein (*Sus scrofa*) (Abb. 16), Reh (*Capreolus capreolus*) (Abb. 17), Rotfuchs (*Vulpes vulpes*), Hermelin (*Mustela erminea*), Europäischer Biber (*Castor fiber*) und Bisamratte (*Ondatra zibethicus*) vertreten. Der Biber hat Ende 2014 drei Siedlungsplätze (Abb. 18). Dies sind folgende Orte: die Nordseite von T3 mit Dammbau, zwischen T1 und T11 und im Ostbereich von T6. Von den Mäusen soll die Zwergmaus (*Micromys minutus*) hervorgehoben werden, die am T6 gefunden wurde. Auffallende Amphibien sind Teichfrosch (*Rana esculenta*) (Abb. 19), Ringelnatter (*Natrix natrix*) und Erdkröte (*Bufo bufo*) (Abb. 20). Letztere Art wird auf der Straße nach Meßdunk auf ihrer Wanderung alljährlich in einigen Exemplaren überfahren. Einmalig waren bisher die Nachweise von Wechselkröte (*Bufo viridis*) und Rotbauchunke (*Bombina bombina*). Weinbergschnecken (*Helix pomatia*) sind im Bereich der Meßdunker Kirche zu entdecken. Wenn ein Teich mehrere Jahre bespannt blieb, wächst die Teichmuschel (*Anodonta cygnea*) bis zu 20 cm großen Exemplaren heran. Häufig sind an den Teichen auch verschiedene Libellenarten und Schmetterlinge zu sehen. Auf den Blüten des Wasserdost sind im Spätsommer Admiral (*Vanessa atalanta*), Landkärtchenfalter (*Araschnia levana*), Tagpfauenauge (*Aglais io*) und Kleiner Fuchs (*Aglais urticae*) zu entdecken.

Foto: Rudolph

Foto: Rudolph

Foto: Rudolph

Seeadler. Foto: Thomas Krumenacker

GERKE PACHALI

Aus dem Beobachtungstagebuch der Vogelwelt an den Reckahner Teichen

„Sieht es einer dem wilden Raubfischer an, ein wie zärtlicher Liebhaber er sein kann? Wie kokett er die Federohren sträubt und den Kragen spreizt, wie stolz er den Hals trägt und wie hoch er jetzt aus dem Wasser liegt! Und wie süß sein helles Locken und wie zärtlich sein tiefes Quarren klingt! Wer kann da widerstehen? Erst flieht sie einige Male, denn das schickt sich so, aber er holt sie ein und hält sie fest, und bald darf er Seite an Seite bei ihr schwimmen." (Aus Forst und Flur, Vierzig Tiernovellen, Leipzig 1916, S. 142)

So poetisch und zugleich präzise kann ich leider nicht schreiben. Der Text stammt von Hermann Löns und beschreibt die Balz des Haubentauchers (Abb. 1).

Als ich in der Schule das Lesen gelernt hatte, habe ich mir auch die alte Frakturschrift beigebracht, weil fast alle Bücher meiner Eltern so gedruckt waren. Löns gehört seitdem zu meinen Lieblingen. Aber die Sache mit den Haubentauchern kann ich toppen: Im Teich 5 (siehe Karte der Reckahner Teiche Abb. 2) balzt ein Pärchen. Das Männchen taucht, kommt mit einem Fischlein im Schnabel hervor und bietet es dem Weibchen an, aber bevor sie dicht heranschwimmt, schluckt er selber den Fisch. Doch sie nimmt ihm das nicht übel und sie spielen ihr Spiel miteinander weiter.

Seit 2008 führe ich ein Tagebuch über meine Beobachtungen an den Reckahner Teichen. Einige Eintragungen teile ich hier mit.

Datum	Teich Nr.	Beobachtung
05.05.08	5	2 Seeadler, 1 Fischadler, 2 Eisvögel, 30 Bruchwasserläufer
13.05.08	3	2 Brandgänse
20.05.08	–	Der Pirol ruft.
31.05.08	1	1 Seidenreiher
27.11.08	2	7 Silberreiher, 2 Gänsesäger
17.12.08	2	3 Waldwasserläufer, 8 Gänsesäger, 2 Eisvögel, 14 Kormorane

Diese Tabelle könnte dem Leser langweilig werden. Darum notiere ich jetzt nur noch einige Besonderheiten.

Abb. 1: Haubentaucher mit Dunenküken.

Foto: Krumenacker

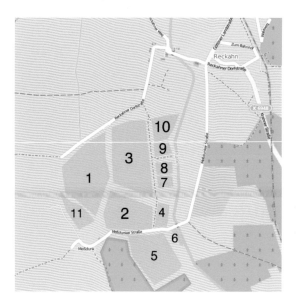

Abb. 2. Die Teiche
von Meßdunk.
Die Nummern der
Teiche habe ich
eingezeichnet.
(Karte: (c) Openstreet-
map-Mitwirkende,
cc by-sa 2.0)

21.12.08	(4. Advent). Die Jäger haben eine Jagd um die Teiche gemacht. Ein Bursche hatte einen kleinen Trecker mit Anhänger zum Einsammeln der Strecke. Er hat aber nur eine Stockente im Hänger.
20.02.09	Die Rohrdommel ruft im Schilf von Teich 3. Ihr Ruf erinnert mich an meine Kindheit. Wir hatten auf dem Hof eine Pumpe. Wenn das Wasser abgelaufen war, musste man oben Wasser eingießen und gleichzeitig pumpen. Dann kam das Wasser herauf und genau so hört sich der Rohrdommelruf an.
13.06.09	Drei Schwarzstörche (Abb. 3) stehen im flachen Wasser von Teich 1. Einer hat am rechten Bein einen breiten Ring mit Zahlen darauf. Aber ich kann sie nicht lesen, weil mein Spektiv im steifen Wind zu sehr wackelt.
28.09.09	Eine Streifengans im Teich 2. Sie bleibt bis zum 13.10. Niemand weiß, ob sie aus Zentralasien oder aus der Gefangenschaft hierher gekommen ist.
29.04.10	Die ersten Maikäfer sind da.
05.09.10	Ein Steppenkiebitz (Abb. 4) im Teich 3. Ein Beobachter aus Bergholz-Rehbrücke, der regelmäßig hierher kommt, hat ihn entdeckt und ins Internet gestellt. Darauf kommen viele „Ornis". Sie sagen: Er hat sich verflogen, denn er kommt aus der asiatischen Steppe und hat hier allein kaum Überlebenschancen.
05.05.11	Auf der Straße zwischen Planewehr und Meßdunk zwölf platt gefahrene Frösche.
11.09.11	Die Berliner Vogelfreunde haben im Teich 3 einen Spitzschwanz-Strandläufer gesichtet und kommen massenhaft, dazu Beobachter aus Süd- und Westdeutschland und Holland. Die „Märkische Allgemeine" berichtet in der Lokalausgabe mit Foto! Alle kommen mit ihren Autos, denn sie sind zwar begeisterte Vogelfreunde, haben aber wenig Umweltbewusstsein. Schade!
18.12.11	(4. Advent). Die Jäger, alle in Orange, machen eine kleine Abschlussjagd um die Teiche und feiern anschließend.
05.04.12	Vier Säbelschnäbler im Teich 2. Absonderlich sieht es aus, wie sie durchs flache Wasser laufen, mit dem Kopf hin und her pendeln und die Schnäbel durchs Wasser ziehen; so finden sie ihr Futter.
23.04.12	Ein Graureiher (Abb. 5) im Teich 11 hat einen Karpfen, circa 25 bis 30 Zentimeter, erwischt. An einer trockenen Stelle will er ihn schlucken, mit dem Fischkopf voran. Es gelingt ihm nicht, der Fisch ist sehr dick. Der Vogel legt den Fisch wieder ab, versucht es noch einmal und immer wieder. Schließlich schafft er es. Deutlich sehe ich, wie sein Hals ganz dick wird und die dicke Stelle langsam herunterrutscht, bis sie unten ankommt. Es hat 15 Minuten gedauert.

Abb. 3:
Schwarzstörche.

Foto: Krumenacker

Foto: Krumenacker

Foto: Krumenacker

Abb. 4: Steppenkiebitz.

Abb. 5: Graureiher.

Abb. 6: Silberreiher.

Foto: Krumenacker

Abb. 7: Spechte (Keine Albinos).

Abb. 8: Eisvogel.

Foto: Krumenacker

13.09.12	Ein junger Mann ist hier am Teich 2, gekommen in einem Berliner Kleinwagen. Er fragt nach den Fischadlern. Er sei im Auftrag einer Firma hier, die für eine Windkraftfirma tätig ist, wollte aber weder seinen Namen nennen noch mir seine Karten und Pläne zeigen. Er sei beauftragt, möglichst nichts zu sagen, nur zu erkunden, ob die Fischadler auf dem Strommast bei Krahne ein Hindernis für Windkraftanlagen seien, und ob ihr Horst auf einen anderen Mast umgesetzt werden könne. Der Mann war freundlich und sachkundig. Der Horst ist bis heute zum Glück nicht umgesetzt worden.
11.11.12	150 (!) Silberreiher (Abb. 6) im Teich 3 und auf den Bäumen ringsherum. Diese Vögel sind in den letzten Jahren häufiger geworden, aber so viele auf einmal habe ich noch nicht gesehen.
18.01.13	Ein Fuchs läuft übers Eis von Teich 2. Er humpelt, sein einer Hinterlauf hängt, vermutlich ist er angeschossen worden oder war in einer Falle gewesen.
18.03.13	Direkt an der Straße zwischen den Teichen hat ein Sperber einen Kiebitz geschlagen. Als ich herankomme, fliegt der Sperber weg. Der Kiebitz bleibt liegen – ohne Kopf.
30.06.13	Am Weg um die Teiche ein Specht (Abb. 7). Hellrote Kappe, hellroter Unterschwanz, alles andere an ihm ist weißlich (Albino!).
2014	In diesem Sommer haben sich die Eisvögel (Abb. 8) gut vermehrt. Das Seeadlerpaar, das im angrenzenden Krahner Busch horstet, hat zwei Junge. Zum Winter sind sie fortgeflogen, aber die Alten sind geblieben (Frontispiz).

Meine Auszüge aus dem Tagebuch schließe ich so, wie ich sie begonnen habe, mit Hermann Löns. Was er über die Jagd schreibt, gilt erst recht für die friedliche Vogelbeobachtung: „Die Hauptsache ist es, seine Sinne zu gebrauchen, den Asphalt zu vergessen und die ganze städtische Lackiertheit, die uns allen Murr und Purr aus den Knochen saugt, bis wir ganz vergessen, daß der Mensch seine Augen nicht nur zum Lesen und Schreiben über die Nase gesetzt bekommen hat, und mit den Ohren auch noch etwas anderes anfangen kann, als den Hörer des Fernsprechers davor zu halten."
(Aus: Kraut und Lot, ein Buch für Jäger und Heger, Radebeul 1956, S. 39)

Thomas Krumenacker

Die geheimnisvolle Welt der Zugvögel:

Naturfotografie an den Reckahner Teichen und am Roten Meer

Der Vogelzug hat die Menschen seit jeher fasziniert. Schon im Alten Testament wird die geheimnisvolle und von Mythen umwobene Vogelwanderung erstaunlich präzise und kenntnisreich beschrieben. „Selbst der Storch am Himmel kennt seine Zeiten; Turteltaube, Schwalbe und Drossel halten die Frist ihrer Rückkehr ein"[1]. Damals unerklärliche Phänomene wie das massenhafte und plötzliche Auftreten von Vögeln scheinbar aus dem Nichts, werden direktem Gotteswirken zugeordnet. So etwa, als beim Auszug der Israeliten aus Ägypten das Volk in der Sinai-Wüste ausgehungert nach Fleisch verlangt: „Darauf brach ein Wind los, den der Herr geschickt hatte, und trieb Wachteln vom Meer heran. Er warf sie auf das Lager, einen Tagesmarsch weit in der einen Richtung und einen Tagesmarsch weit in der anderen Richtung rings um das Lager"[2]. Die wissenschaftliche Forschung hat viele der Geheimnisse des Vogelzugs gelüftet, auch das des vermeintlichen Wunders der von Gott gesandten Wachteln: Heute wissen wir, dass die auch in Brandenburg flächendeckend verbreiteten kleinen Hühnervögel in großer Zahl über das Mittelmeer ziehen und anschließend, vom Flug auf Leben und Tod (denn Wachteln können nicht schwimmen) völlig erschöpft, über dem ersten erreichbaren Land niedergehen. Die ermatteten Vögel sind bis heute eine leichte Beute für Vogelsammler in der ägyptischen Sinai-Region und landen wie zu biblischen Zeiten immer noch in jedem Jahr hunderttausendfach in den Kochtöpfen.

◀ Sorgsam setzt sich ein Kranichweibchen nach einer Brutpause auf das Gelege. Auch als Neststandort suchen sich die scheuen Vögel stets einen ruhigen und von Wasser umgebenen Platz aus, um das Gelege vor Feinden zu schützen. Nur wenige Monate nach dem Schlüpfen machen sich die jungen Kraniche gemeinsam mit ihren Eltern auf den Weg in den Süden. Einige aus Brandenburg überqueren dabei auch Israel.

Es ist aber kein Zufall, dass einige der ältesten Beschreibungen der Vogelwanderungen aus dem Nahen Osten überliefert sind. Damals wie heute ist der Vogelzug dort besonders auffällig, denn die Region am Ostrand des Mittelmeeres dient vielen Vogelarten als Landbrücke zwischen den Kontinenten Europa, Asien und Afrika und ist deshalb eine der weltweit bedeutendsten Drehscheiben des Vogelzugs, von dem der amerikanische Essayist und Ornithologe Scot Weidensaul schrieb, er sei „das einzige wahrhaft übergreifende natürliche Phänomen, das die Kontinente miteinander verbindet"[3].

In meiner fotografischen Arbeit hat diese Verbindung der Kontinente über den Vogelzug einige konkrete Ankerpunkte: Israel – von den Golan-Höhen an der Grenze mit Syrien, über den See Genezareth und das Tote Meer hinab zum Roten Meer im äußersten Süden des Landes – ist der eine. Seit vielen Jahren reise ich den Vögeln hinterher, die dort in jedem Herbst und in jedem Frühling in großer Zahl unterwegs sind. Im Frühjahr und Herbst sind die Vogelwanderungen hier unübersehbar, zu manchen Zeiten ist der Himmel entlang regelrechter „Zugstraßen" mit Tausenden und Abertausenden Vögeln erfüllt. Insgesamt wird geschätzt, dass in jeder Zugsaison rund 500 Millionen Vögel das Land überqueren, das etwa ebenso groß ist wie Brandenburg.

Ein weiterer Fixpunkt meiner Vogelfotografie sind die Reckahner Teiche – nur scheinbar ein unpassendes Pendant. Denn so unterschiedlich beide Regionen sind, so wenig sie sich in vielem vergleichen lassen, so haben sie doch eines gemeinsam: Beide Orte bieten Möglichkeiten, einen eindrucksvollen und ungestörten Einblick in die Welt des Vogelzugs zu gewinnen. Ich habe es mir zur Gewohnheit gemacht, vor dem Aufbruch zu meinen Fotoexpeditionen in den Nahen Osten möglichst noch

---

1 Jeremia 8,7 zit. nach Bibel, Einheitsübersetzung. Kath. Bibelwerk, Stuttgart 2005
2 4. Buch Mose, 11,31

3 Weidensaul, S. (1999): Living on the Wind – Across the Hemisphere with Migratory Birds, North Point Press, New York

Ende August und im März ziehen zehntausende Weißstörche, darunter auch das Gros der ostdeutschen Brutvögel, über den Nahen Osten nach Afrika. Fast eine halbe Million Störche überquert Israel in kurzer Zeit, darunter auch die in Brandenburg brutenden Vogel.

Langer Weg in den Süden: Eine Gruppe von Weißstörchen hat den Jordanfluss nahe der syrisch-israelischen Grenze erreicht und schraubt sich zur Rast aus großer Höhe hinunter. Israel bildet für viele Zugvogelarten aus Europa etwa die Hälfte ihres Zugweges.

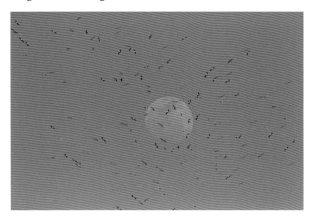 

einmal an den Reckahner Teichen vorbeizuschauen. Denn dort, 3 000 Kilometer nördlich meines Reiseziels, erwartet mich ein Vorgeschmack auf das, was ich – zugegeben, in ungleich größerer Zahl und Artenvielfalt – im Nahen Osten erleben kann. Viele der Vogelarten, deren Vertreter auch in Reckahn rasten, erreichen einige Wochen später die Feuchtgebiete im Norden und Süden Israels und nutzen diese letzte Gelegenheit zum Auftanken, bevor sie oft im Nonstop-Flug eine der größten ökologischen Barrieren der Erde, die Sahara, überwinden.

VON MESSDUNK NACH JERUSALEM

Bei manchen Vogelarten gibt es sogar einen direkten Bezug zwischen Israel und Brandenburg, ja selbst zwischen Meßdunk und Jerusalem, denn mit hoher Wahrscheinlichkeit kennen beispielsweise die in Krahne oder Meßdunk brütenden Weißstörche das Heilige Land aus eigener Anschauung. Durch das so genanntes Besendern von Vögeln mit satellitengestützten Ortungssystemen sowie durch Beringungen und systematische Zugvogelzählungen weiß man, dass rund 70 Prozent aller Weißstörche der Erde – darunter der Großteil der ostdeutschen Vögel – über Israel in die Winterquartiere nach Ost- und Südafrika ziehen [4]. Die

weiter westlich brütenden Störche nehmen einen Kurs über Frankreich und Spanien und – wenn sie nicht dort bereits ihr Ziel erreicht haben – gelangen über die kurze Querung der Meerenge von Gibraltar nach Afrika.

Dieses Naturwunder ereignet sich in jedem Jahr an einem Tag Mitte August ganz real: Von der Zugunruhe gepackt, verlassen die Weißstörche ihr Nest auf einem Scheunendach in Reckahn (oder jedem anderen Dorf) und machen sich auf eigenen Flügeln auf eine lange und gefährliche Reise. Über die Länder Ost- und Südosteuropas und den Bosporus geht es weiter entlang des Ostrands des Mittelmeeres gen Süden. Die Reckahner Störche und ihre Artgenossen aus Polen, Lettland oder Russland überfliegen den Libanon, sie sehen das Elend des zerstörten Syriens von oben und lassen sich zu Tausenden auf den Golan-Höhen und später in der Negev-Wüste zur Rast nieder, bevor es weiter zum Roten Meer oder über die Sinai-Halbinsel geht, um über Ägypten den afrikanischen Kontinent zu erreichen. Von hier folgen sie dem Nil südwärts in ihre Überwinterungsgebiete im östlichen und südlichen Afrika. Zurück am Brutort bleibt ein imposantes Nest und die Menschen, die von nun an auf die Rückkehr ihrer Frühlingsboten im nächsten Jahr hoffen.

Um diesem faszinierenden Phänomen so nah wie möglich zu kommen und die Vögel aus der Perspektive ihres ureigenen Elements zu fotografieren, habe ich für ein Buch- und ein Filmprojekt Weißstörche auf einem – wenn auch winzigen – Teil ihres Weges in einem

---

4   Krumenacker, T. (2012): Der Durchzug von Schreiadler Aquila pomarina, Wespenbussard Pernis apivorus, Kurzfangsperber Accipiter brevipes, Weißstorch Ciconia ciconia und Rosapelikan Pelecanus onocrotalus über Nordisrael – eine Bilanz aus 30 Jahren, Limicola 26:3, Einbeck

Begleitet vom Flugzeug des Fotografen passieren die ziehenden Störche auch Städte, wie hier das nordisraelische Afula nahe Nazareth.

Ankunft vom Zug. Ein Brandenburger Weißstorch begrüßt seinen Partner mit heftigem Schnabelklappern. Beide Tiere sind soeben von ihrer langen Reise zurückgekehrt und machen sich sofort an den Nestbau.

Rast vor historischer Kulisse. Eine Gruppe Weißstörche legt an der israelisch-ägyptischen Sinai-Grenze eine Pause ein. Die Ruine einer Polizeistation aus der Zeit der ottomanischen Herrschaft illustriert die wechselvolle Geschichte der Grenzregion.

Von Brandenburg ins Heilige Land. Fast alle Schreiadler ziehen auf einem schmalen Korridor über Israel nach Afrika.

Vogelwanderung im Wortsinne: Ein europäischer Fischadler rastet im Jordantal. Den unbeeindruckten Stelzenläufer kennt der Adler in seiner Brutheimat nicht, denn er ist ein typischer Vertreter der südlichen Vogelwelt.

Motor-Segelflugzeug begleitet [5]. Von der Nordgrenze Israels mit Syrien und dem Libanon bis zum Bet-Shean-Tal an der Ost-Grenze Israels mit Jordanien währte der gemeinsame Flug quasi Flügel-an-Flügel: Nach wenigen Stunden mussten wir im Flugzeug an den Staatsgrenzen abdrehen; die Zugvögel jedoch kennen keine Ländergrenzen und setzen ihren Zug unbehelligt fort.

Neben den Weißstörchen kann man auch bei anderen „Brandenburgern" auf ein Wiedersehen in Israel hoffen. Deutschlands seltenster Adler, der früher auch als Pommernadler bezeichnete Schreiadler, brütet hierzulande nur noch in den beiden Bundesländern Mecklenburg-Vorpommern (ca. 85 Paare) und Brandenburg (ca. 20 Paare). Wenn die Adler Mitte September ihre Brutreviere verlassen, kann man die Uhr danach stellen, sie in großer Zahl in der letzten September- und der ersten Oktoberwoche in Israel wiederzusehen. Mehr

Kraniche ziehen anders als andere Großvogelarten bis in den späten Abend und auch nachts. Sie verzichten dabei vollständig auf den erleichternden Thermikflug. Brandenburg besitzt gemeinsam mit Mecklenburg-Vorpommern die größten Kranichpopulationen Deutschlands.

als 100 000 Schreiadler wurden im vergangenen Herbst innerhalb eines Drei-Wochen-Fensters gezählt, an einzelnen Spitzentagen können mehr als 20 000 dieser seltenen Vögel beobachtet werden.

DIE VIELEN GESICHTER DES VOGELZUGS

Doch woran erkennt man, dass ein Vogel sich auf Wanderschaft befindet? Der Vogelzug, ob im brandenburgischen Reckahn oder im Heiligen Land hat viele Gesichter. Die bekannteste Ausprägung sind natürlich die großen Konzentrationen, die Schwärme von abertausenden Vögeln, etwa Kranichen, die hierzulande ab Mitte Februar mit melancholischem Trompeten auf dem Weg in die nordischen Brutgebiete das Ende des Winters ausrufen oder eben im Herbst in großen Gruppen im flachen Wasser der Reckahner Teiche zum Schlafen einfallen. Die heimischen Kraniche in der Reckahner Gegend beziehen in milden Jahren schon ab Mitte Februar ihre Reviere und verhalten sich dann sehr viel unauffälliger. In Israel versammeln sich vor allem Kraniche aus Russland, Nord-Skandinavien und Osteuropa zur Rast auf ihrem Weg in die Überwinterungsgebiete, vor allem in Äthiopien und dem Sudan. Auch Kraniche aus Brandenburg können aber diese Route wählen. Ein Vogel, der im Januar 2009 in Nordisrael beringt wurde, wurde wenige Wochen später im März desselben Jahres in Brandenburg gesichtet [6]. Das Gros der Kraniche aus Deutschland wählt indes eine Westroute und zieht über Frankreich lediglich bis Südspanien, um dort zu überwintern.

Während der Kranichzug wegen der Vorliebe der Vögel, bestimmten Zugkorridoren zu folgen (so genannter Schmalfrontzug), in Brandenburg nur schwer zu übersehen ist, präsentieren sich die Wanderungen anderer

---

5   Der Bildband „Vögel im Heiligen Land – Eine fotografische Reise durch Israel" erscheint im Herbst im Naturblick-Verlag Düsseldorf. Der Film "Das Geheimnis der Zugvögel. Große Rast am Roten Meer" von Martina Treusch, Hoferichter & Jacobs 2012 für Arte/RBB)

6   Israeli Bird Ringing Center, pers. Mitteilung

Kraniche rasten auf dem Zug stets in flachem Wasser, um vor Feinden während der Nacht geschützt zu sein. Mit dem Sonnenaufgang werden sie aktiv und bereits wenige Minuten später brechen sie auf, um auf den umliegenden Feldern nach Nahrung zu suchen, um die Strapazen des Vogelzugs überstehen zu können.

Kraniche aus Osteuropa und Russland ziehen über eine östliche Zugroute nach Afrika. Sie müssen dabei auch Wüstengebiete, wie hier die Negev in Südisrael überwinden.

Ein Fischadler rastet in einer abgestorbenen Akazie inmitten der Negev-Wüste, fernab jeden Gewässers. Tagelanger Nahrungsverzicht gehört für viele Zugvögel zum Alltag.

an den Reckahner Teichen oder in ihrer Umgebung lebenden Vogelarten viel diskreter und weniger offensichtlich. Der Zug der meisten Vogelarten über das europäische Binnenland findet nämlich verteilt auf eine breite Front statt. Und viele Vogelarten machen sich allein oder in sehr kleinen Gruppen auf die Reise. Dabei müssen sie Gebiete überfliegen, die für sie extrem feindlich sind. Die nahe Reckahn brütenden Fischadler beispielsweise müssen auf dem Weg in das Winterquartier in der Sahel-Zone Afrikas Wüsten überqueren. Ein Fischfresser in der Wüste – eine wahrhaft eindrucksvolle Metapher für die Anstrengungen und Entbehrungen des Vogelzugs.

Singvögel, Rallen und Watvögel ziehen zumeist unsichtbar für das menschliche Auge in großer Höhe während der Nacht, um tagsüber Nahrung suchen zu können. Es sind solche vergleichsweise kleinen und ungestörten Flachwasserzonen im Binnenland wie die Reckahner Teichen, denen für diese Arten auf dem Vogelzug eine wichtige Bedeutung als Trittstein in den Süden – oder im Frühjahr in den Norden – zukommt. Einige Tage der Rast, verbunden mit dem unermüdlichen

Anfressen neuer Fettreserven für den kräftezehrenden Weiterflug, sind lebenswichtig, um die Reise aus den zentralasiatischen Steppen, den sibirischen Tundren oder den europäischen Staaten in die Länder der afrikanischen Sahel-Zone oder darüber hinaus in das südliche Afrika und zurück bestehen zu können.

Diese Form des eher unscheinbaren Vogelzugs lässt sich vor allem an der Komposition der Vogelarten erkennen, die sich von einem Tag auf den anderen an den Teichen verändern kann. In den Zugzeiten mischen sich dann plötzlich hocharktische Zwergstrandläufer zu Alpenstrandläufern unter die heimischen oder aus nicht so entfernten Gebieten zur Rast eingefallenen Arten wie den Kiebitz.

Es sind die Spitzenzeiten des Vogelzuges, meist im Spätsommer, zu denen Reckahn in der Szene der Vogelbeobachter auch überregional immer wieder für helle Aufregung sorgt. So lockte im September 2011 ein Spitzschwanz-Strandläufer – eine Limikolenart, die in Ostsibirien brütet und gewöhnlich in Australien und Neuseeland überwintert – Hunderte von Birdwatchern

Die Vögel versuchen lebensfeindliche Gebiete, wie das syrisch-israelische Hermon-Massiv, möglichst im Nonstop-Flug zu überqueren.

Ländergrenzen sind keine Hürde für die ziehenden Weißstörche. Diese Gruppe rastet auf israelischer Seite des Jordans in Sichtweite des jordanischen Grenzpostens.

Weltenbummler unter sich. Auf ihrem Zug begegnen sich Vogelarten aus verschiedenen Teilen der Erde. Hier treffen Weißstörche auf arktische Watvögel, in diesem Fall Zwergstrandläufer. Groß wie Klein wollen nach Afrika.

Dicht gedrängt rasten Weißstörche in einem Wasserloch in der Negev-Wüste. Auf dem anstrengenden Zug wird jede sich bietende Gelegenheit zur Erfrischung genutzt.

Von Sibirien nach Afrika – über Reckahn: Erst wenige Wochen alt, hat sich dieser Dunkle Wasserläufer auf seinem ersten großen Zugweg in den Süden die Reckahner Teiche ausgewählt, um für einige Tage zu rasten.

Unauffälliger Gast an den Reckahner Teichen zur Zugzeit. Das elegante Tüpfelsumpfhuhn verlässt nur mit extremer Vorsicht zur Nahrungssuche die Deckung

aus allen Teilen Deutschlands nach Reckahn. Es war überhaupt erst der zweite Nachweis dieser Art in Deutschland. Ein Jahr zuvor, ebenfalls im September, war es ein weiterer Ausnahmegast, der ebenfalls von hunderten Menschen gesehen werden wollte: Ein Steppenkiebitz, einer der seltensten Vögel der Erde, um dessen Überleben der internationale Artenschutz seit vielen Jahren kämpft, hatte sich unter Hunderte von Kiebitzen an den Teichen gemischt.

TWITCHER, LISTER UND LIFER

Während „Twitcher" – Menschen, die danach streben, eine möglichst große Zahl von Vogelarten auf ihrer Liste als gesehen ankreuzen zu können – lange Wege in Kauf nehmen, um diese „Lifer" (persönliche Erstbeobachtungen) vermerken zu können, bleiben häufigere Durchzügler von „Twitchern" und" Listern" unbeachtet. Zu Unrecht: Ein besonders eindrucksvolles Beispiel für die enorme Leistung, die viele „normale" Zugvogelarten zweimal im Jahr erbringen, ist der Dunkle Wasserläufer. In Europa brütet diese elegante und relativ große Watvogelart ausschließlich in Lappland und Nordrussland. Östlich des Ural zieht sich ihr Verbreitungsgebiet über die Waldtundra und die offene subarktische Tundra bis nach Ostsibirien. Den Winter verbringen Dunkle Wasserläufer im tropischen Afrika von der Sahel-Zone bis zum Äquator[7]. Auf dieser 10 000 Kilometer langen Reise machen Dunkle Wasserläufer

in relativ großer Zahl auch Rast an den Reckahner Teichen. 100 bis 150 Vögel wurden hier schon gezählt (siehe Beitrag Bodo Rudolph). Die Vögel verbringen den Tag mit fast ununterbrochener Nahrungssuche, indem sie unablässig das flache Wasser durchstreifen und Insekten von der Oberfläche pflücken.

Während die eleganten und hochbeinigen Dunklen Wasserläufer eine recht auffällige Erscheinung an den Reckahner Teichen sind, bekommen Besucher andere, heimlichere, Gäste nur selten zu Gesicht. Die scheuen und auf dem Zug an dichtes Schilf gebundenen Tüpfelsumpfhühner beispielsweise, regelmäßige aber nicht häufige Gäste an den Reckahner Teichen. Ende August und Anfang September können kleine Zugtrupps für einige Tage an den Teichen beobachtet werden. Ich hatte im Spätsommer 2006 die Gelegenheit, für mehrere Wochen ein Fotoversteck am Schilfrand in Reckahn aufzubauen. Bis zu fünf der Rallen konnte ich zeitgleich aus dem Versteck heraus beobachten.

Auch andere typische Arten der Reckahner Teiche und der umliegenden Parklandschaft haben einen alles andere als langweiligen Jahresrhythmus. Die unscheinbaren und rastlos in Buschhecken und Sträuchern aktiven Klapper- und Dorngrasmücken beispielsweise. Diese Charakterarten gehören zu den härtesten Langstreckenziehern unter den Vögeln. Wenn sich Klappergrasmücken nach ihrer Ankunft im heimatlichen Brutgebiet im April mit ihrem Gesang vernehmen lassen, haben sie einen weiten Zug hinter sich, auf dem

7   Limmbrunner, A., Bezzel, E., et l. (2007): Enzyklopädie der Brutvögel Europas, Stuttgart, Kosmos

Auch die um die Reckahner Teiche überall präsente Klappergrasmücke ist ein Langstreckenzieher. Nur ein Viertel des Jahres verbringt sie in ihrem Brutgebiet. Die übrige Zeit ist sie unterwegs.

Nur ausnahmsweise schreitet die Rohrdommel an den Reckahner Teichen zur Brut, doch als Durchzügler und in manchen Jahren wohl auch als Überwinterer, kann man mit viel Glück diesen heimlichen Reiher an den Teichen beobachten.

Raritäten wie dieser Steppenkiebitz locken Hunderte von Beobachtern aus allen Teilen Deutschlands an die Reckahner Teiche. Dieses Foto entstand im Überwinterungsgebiet der zentralasiatischen Vogelart in Israel nahe dem Gaza-Streifen.

Skeptisch beäugen Bekassinen das Tüpfelsumpfhuhn. Beide Arten sind regelmäßige Durchzügler im Teichgebiet, Bekassinen sogar in dreistelliger Zahl.

die nur wenige Gramm schweren Vögel ebenso wie die Weißstörche Ostafrika und den Nahen Osten durchquert haben.

Aber wo ist eigentlich die Heimat „unserer" Vögel? Klappergrasmücke, Neuntöter oder Drosselrohrsänger kommen erst gegen Ende April aus dem Winterquartier an und viele von ihnen verlassen uns bereits Mitte oder Ende Juli wieder. Innerhalb nur weniger Wochen finden sie einen Partner, bauen ein Nest, bringen eine Brut hoch – und machen sich wieder auf die lange und gefahrvolle Reise. Dreiviertel des Jahres verbringen viele der Reckahner Vogelarten außerhalb des Brutgebietes. Sie sind die wahren Globetrotter, zuhause an vielen Orten der Erde.

Vogelzug, das ist auf der einen Seite eine Metapher für Freiheit und Grenzenlosigkeit, es ist zugleich aber auch der Ausdruck eines einsamen, gefährlichen Kampfes eines einzelnen Individuums gegen Naturgewalten und ökologische Veränderungen in einer vom Menschen beständig umgestalteten Welt. Viele Vögel überstehen Gefahren und Strapazen ihrer gefährlichen Reise nicht. Schaffen sie es aber, dann hat für einige von ihnen auch das kleine Teichgebiet von Reckahn einen Anteil am Überleben. Denn der Vogelzug findet global statt – in Reckahn wie am Roten Meer – und überall, wo Vögel ziehen, benötigen sie ungestörte Gebiete, die ihnen Nahrung und Schutz bieten. In einer immer stärker von Menschen zulasten der Natur veränderten Umwelt sind es nicht zuletzt kleine Oasen wie das Reckahner Teichgebiet, die helfen, dass das Naturwunder des Vogelzugs weiter möglich ist.

Fast flügge Rohrweihen bereiten sich mit Trockenübungen
auf das Fliegen vor. Rohrweihen brüten regelmäßig im Schilf
der Reckahner Teiche. Auch Rohrweihen sind Zugvögel, teilweise sogar Langstreckenzieher. Sie erscheinen ab März an
den Reckahner Teichen und verlassen diese zumeist bis Mitte
September wieder.

Viele Zugvögel überleben
die lange Reise nicht. In den
Durchzugsgebieten im Nahen
Osten hat sich der Schieferfalke
darauf spezialisiert, durchzie-
hende Kleinvögel zu erbeuten,
hier einen Mauersegler. Um das
reiche Nahrungsangebot zur
Zugzeit in der kargen Wüste ef-
fektiv ausschöpfen zu können,
brüten Schieferfalken erst im
Spätsommer. Der Höhepunkt
des Durchzugs europäischer
Singvögel fällt so mit der
Jungenaufzucht des Falken
zusammen.

Kurzinformation zu den Autorinnen und Autoren

Johannes Bilstein: Professor für Pädagogik an der Kunstakademie Düsseldorf.

Jörn Garber: Dr., Interdisziplinäres Zentrum für die Erforschung der Europäischen Aufklärung der Universität Halle i. R.

Manfred Geier: Dr., Freier wissenschaftlicher Publizist und Schriftsteller in Hamburg.

Eva Maria Kohl: Professorin für Grundschuldidaktik/ Deutsch Universität Halle i. R.

Thomas Krumenacker: Vogel- und Naturfotograf in Berlin.

Volker Kummer: Dr., Institut für Biochemie und Biologie, Biodiversitätsforschung/ Spezielle Botanik der Universität Potsdam i. R.

Jürgen Luh: Dr., Stiftung Schlösser und Gärten Berlin Brandenburg; Generaldirektion, Wissenschaft und Forschung.

Gerke Pachali: Pfarrer in Krahne i. R.

Bodo Rudolph: Leiter der Fachgruppe Ornithologie Brandenburg und Vorsitzender des NABU Regionalverband Brandenburg/ Havel e. V.

Christiane Salge: Prof. Dr., Kunsthistorikerin an der Freien Universität Berlin.

Hanno Schmitt: Professor für Geschichte der Erziehung, Universität Potsdam i. R.

Anne Stackebrandt: Dipl. – Geoökln., Mitarbeiterin bei **geogen**.
Werner Stackebrandt: Dipl.-Geol. Dr. rer. nat., langjähriger Direktor des Geologischen Dienstes im Land Brandenburg.
Heute: **geogen** Geologie und Umweltberatung Stackebrandt.

Frank Tosch: Professor für Historische Bildungsforschung, Universität Potsdam.

Abbildungsverzeichnis

In dieses Verzeichnis wurden nur Abbildungen aufgeführt,
die keinen Quellenhinweis enthalten.

Privatbesitz:
S. 38, 39, 44, 45, 61, 69, 70, 71, 83

Rochow-Museum:
S. 41, 42 f., 63, 72, 73 r. Sp., 79, 81, 82, 84, 85, 86, 87, 88, 89, 97

Fotoarchiv Thomas Krumenacker:
Die Fotos S. 122–133 stammen alle von Thomas Krumenacker.

Danksagung

Von ganzem Herzen danken wir den Autorinnen und Autoren dieses Begleitbuchs zur Ausstellung „Wasser für Arkadien-Landschaftsentwicklung um Schloss Reckahn zwischen Urstromtal, Planeflüsschen und Vogelschutz". Mit ihren Beiträgen haben sie auf ganz unterschiedliche Weise Zugänge zu einem neuen Verständnis der Reckahner Landschaft in einem weiten kulturhistorischen Horizont eröffnet. Gleicher Dank gilt den am Anfang dieses Bandes genannten sowie zukünftigen finanziellen Förderern des Projektes.

Die Herausgeber